ちくま新書

日本人のための英語学習法 ── シンプルで効果的な70のコツ

里中哲彦
Satonaka Tetsuhiko

日本人のための英語学習法

シンプルで効果的な70のコツ

【目次】

はじめに ……………………………………………………011

第1章 「自前の英語」を身につけよう ……………023
　　　　── 英語に対する「心がまえ」

01　あなたが「身につけたい英語」とは ……………024
　　明確な目標をもつ

02　「目標」と学習法 ……………………………………027
　　学習を始める前に考えるべきこと

03　英語をどう捉えたらいいのか ……………………030
　　学ぶこと自体を目的にしない

04　どんな英語を身につけたらよいのか（1）…………033
　　「自前の英語」を身につけよう

05　どんな英語を身につけたらよいのか（2）…………036
　　関心のある分野に絞って学ぶ

06　どこから手をつけたらいいのか …………………039
　　「知識」がある内容から始める

07　究極のコミュニケーション英語とは ……………042
　　「自分にしか語れないもの」を語れ

08　英語の習得は簡単？ ………………………………045
　　英語と日本語との「言語的距離」

09　「英語習得」にかかる時間 ………………………048
　　基本の習得には3,000時間必要

10　英語学習とどう向き合ったらいいのか …………051
　　「トレーニング」することで身につく

11 学習の質を向上させるには ……………………054
「質」と「量」の関係は相互依存

12 どうすれば学習を続けられるのか ……………057
モチベーションを維持しよう

第2章 できる人がやっていること ……………061
　　　──「音読」と「読み書き」

13 「英語で考えろ」と言うけれど ………………062
音読について①

14 英語が身につく学習法 …………………………065
「音読」について②

15 音読トレーニング法 ……………………………068
音読について③

16 「シャドウイング」とは ………………………071
音のデータベースを増やす

17 どんな辞書を使ったらよいか …………………074
「英和」「和英」「英英」を選ぶポイント

18 モチベーションが低下したら …………………077
「エッセイ」や「通俗小説」を読んでみよう

19 「多読」の習慣をつけるには …………………080
「多読の3原則」を守ろう

20 お勧めの本は？ …………………………………083
"勘どころ"は多く読まないと身につかない

21 どうやって英文をつくるのか …………………086
「英借文」をやってみよう

22 英文で日記を書いてみる ………………………089
4行日記を書こう

第3章 コミュニケーション英語のために …………093
——「話す」と「聞く」のトレーニング

23 「日本人英語」でかまわない？ …………………094
「つうじる英語」であればかまわない

24 難敵は「内気さ」…………………………………097
恥をかくことが上達への近道

25 「沈黙は金なり」？ ………………………………100
日本人の美徳はまったく理解されない

26 単語が出てこない！ ……………………………103
日本語をそのまま置き換えてもダメ

27 わたしたちに語れること ………………………106
日本について説明してみよう

28 伝わる「発音」……………………………………109
聞いてわかれば、カナ発音でも OK

29 日本人に共通する発音の間違い ………………112
苦手な音をまずは把握しよう

30 英語の音は変化する？ …………………………115
韻律に着目してトレーニングを

31 シャワーのように英語を浴びる？ ……………118
時間のムダです

32 「リスニング力」を伸ばすには …………………121
「精聴」と「音読」をくりかえす

33 「洋画」は英語学習に役立つか…………………124
いろいろと問題のある教材

第4章 話すために必要なこと ……………………127
——「語彙」と「文法」を身につけよう

34 基本の3,000語すら覚えられない！……………128
　 コア・ミーニングをつかむのが大切

35 目にした単語はすべて覚える？……………131
　 自分に必要な単語をしっかり習得しよう

36 どうやって語彙を増やすか……………134
　 ４つのコツで「使いたい単語」を覚える

37 単語の効率的な覚え方……………137
　 おおまかに「語源」を知る

38 「接頭辞」と「接尾辞」……………140
　 基本だけ押さえておこう

39 「文法」は必要か……………143
　 避けてとおることはできない

40 何のための文法か……………146
　 「文法のための文法」ではダメ

41 文法は徹底的にやったほうがいい？……………149
　 英語は使いながら覚える

42 先生も頭を抱える文法問題……………152
　 瑣末なことを問うても意味がない

43 どんな文法書がいいのか……………155
　 自分のレヴェルに合ったものを使おう

第5章 **文法の極意**……………159
　 ──「勘どころ」へのアプローチ

44 「語順」どおりに意味をとるには……………160
　 やはり「文法」が大事

45 「冠詞」の考え方……………163
　 ちょっと違えば、意味が変わる

46 「数」に対する意識の違い 166
日本語とまったく違う

47 「可算名詞」と「不可算名詞」...................................... 169
使い分けるために知っておくべきこと

48 「わたしたちは……」をどう言う？ 172
「人はだれでも」の "you"

49 「未来のことを語る表現」とは 175
"will" と "be going to" を使い分ける

50 使いこなしたい「進行形」...................................... 178
受ける印象がガラリと変わる

51 "would" と "could" の正体 181
丁寧な表現をマスターする

52 難敵「前置詞」に挑む 184
コア・イメージをつかむ

53 否定疑問文で聞かれた場合 187
"Yes" か "No" か

54 「行く」と「来る」の認識のずれ 190
日本人が勘違いしやすい "go" と "come"

55 「関係詞」の正体 193
日本語にはないもの

56 "excited" か "exciting" か 196
感情をあらわす分詞形容詞

第6章 社交する英語 199
——「英語のマナー」と「日本文化」

57 排他性のある表現 200
何気なく使わないように

58 「紹介」をする？ ………………………………………… 203
　　「名前」もかならず添える

59 「オウム返し」が得意な日本人 ……………………… 206
　　英語では冷たい印象に？

60 会話の障害物になる「相づち」 ……………………… 209
　　英語ではほどほどに

61 「感謝」の度合い ……………………………………… 212
　　状況によって表現を変えよう

62 英米人はいつもストレートに言う？ ……………… 215
　　英語にも婉曲表現はある

63 日本人が誤解している「どうぞ」 ………………… 218
　　「どうぞ」＝"Please." ではない

64 「難しい」の意味するところ ………………………… 221
　　断わるときは、はっきりと

65 英語にも「敬語」はあるの？ ………………………… 224
　　日本語とのマナーの違い

66 いつも "Can I …?" でいい？ ………………………… 227
　　丁寧さのレヴェルに合わせて表現を変える

67 丁寧さの度合いが違う「依頼表現」 ……………… 230
　　相手との関係を考えて使い分ける

68 「知ってる？」をどうあらわす？ ………………… 233
　　"know" を日本語の感覚で使わない

69 「カタカナ語」はつうじるか ………………………… 236
　　英語とはぜんぜん違う

70 贈りものが好きな日本人 ……………………………… 239
　　贈答意識の違い

あとがき……………………………………………242

参考文献……………………………………………245

本文デザイン＝中村道高

章扉イラスト＝増子勇作（増子デザイン室）

はじめに

英語学習に王道はない

　本書は、英語を学びなおし、「自前の英語」をつくっていきたいと真剣に思っている人のためのものです。これまでいろいろな方法で英語にチャレンジしたけれど、何度も挫折してしまったという人にこそ、読んでいただきたいと思っています。

　日本人は、英語にまつわる、さまざまな思い込み、妄想、俗説に惑わされています。そして、それらに縛られ、悩み、苦しみながら英語を学んでいます。英語学習といえば、いまや苦行と屈辱の代名詞です。

　そうした事態をなんとかしたい。そう思って本書を執筆しました。世の中に蔓延する英語への誤解を払拭すると同時に、英語とどう向き合ったらいいのか、その心がまえについても論じてみたいと思っています。

　かねてより筆者は、日本人の英語学習史に興味をもち、先人たちの英語学習からヒントを拾い集め、「究極の学習法」なるものを探ってきました。

　しかし、残念ながら、英語学習には万人に通用する王道はない、という結論に達したのです。

　英語学習は、複合的であり、段階的であり、個別的なものであって、よく目にする「ラクして身につく学習法」や「奇跡のメソッド」は英会話教材の宣伝文句以外には存在しないとの確信をもつに至ったのです。

わたしたちは往々にして、自分にとって役に立つものが他人にも役立つものだと思い込む傾向がありますが、多くの学習者と接するうち、一人ひとり習い方の適性も異なるのだということにも気づかされました。

　また、「読む」「書く」という技能の上達を目標に掲げても、「話す」「聞く」ことを実践しなければ、英語特有の「統語法」「連語関係」「比　喩」「押　韻」に気づかず、よく読むこともできないのだということもわかりました。

　とはいえ、「音読」や「多読」など、多くの人に効果が見られる学習法は確固として存在します。本書では、そうした、ありふれているが効果的な学習法を紹介することにより、あなたの目的にかなった英語をつくりあげるための手助けをしたいと考えています。

なぜ英語ができないのか

　さて、わたしたちはどうして日本語ができるのでしょうか。日本人だからでしょうか。それとも、日本で生まれ育ったからでしょうか。

　いずれも違います。日本語をみっちり学習したからです。わたしたちは日本語のトレーニングを積んだからこそ、日本語ができるようになったのです。

　わたしたち日本人にとっては、日本語が話せることがあたりまえになってしまっているため、あたかもまったく学習せずに日本語を習得したかのような錯覚に陥ってしまいがちですが、そうではありません。

　じっさい、聞くこと、話すことからはじまって、読み

012

書きに至るまで、じつに多くの時間をわたしたちは日本語のトレーニングに費やしてきました。

たとえば、小学生のころにやった、あの面倒で退屈な漢字練習を思いだしてください。間違いなく、わたしたちは、長時間、いや長期間に及んで日本語と向き合ってきたのです。こうした事実を忘れてはいけません。

英語学習もこれと同じです。だから、英語ができない理由など、じつに簡単に説明がつきます。

わたしたち日本人が英語が不得手なのは、英語という言語を身につけるための十全なトレーニングをやってこなかったからです。

では、なぜそうしたトレーニングに真剣に取り組まなかったのでしょうか。それは、英語を学ぶ「必要性」や「切実な動機」を感じなかったからです。だから、身を入れて学ばなかったのです。本書では、日本人と英語の関係を考察し、「英語とのあるべきつき合い方」を探っていくつもりです。

「日本人英語」でかまわない？

「英語が使えるようにならなければならない」と言ったとき、日本人の多くは英語を日本語と同じように使いこなしている状態をイメージしていますが、どれほど努力しようと、ネイティヴのようなリズムと発音で英語を話すことはできません。

望むと望まざるとにかかわらず、わたしたちがしゃべれば、「ああ、これはニッポン人だな」と相手にわかるような英語に落ち着くのです。そもそも日本で生まれ育

はじめに　013

った人が母語（日本語）以上の外国語能力を身につけることはできないのです。

　言語をトータルに獲得する能力は、生涯のある期間のみに機能するもので（「臨界期仮説」）、この期間（一説には12〜13歳の思春期ごろまでと言われますが、3〜4歳、いや1歳までの時点だとする研究者もいます）を過ぎると、その"魔法"は急激に衰えてしまい、それ以降、どんなに努力をしても母語話者のようにはなれないと言われています（Eric H. Lenneberg, *Biological Foundations of Language* 参照）。

　しかし、リーディング、ライティング、スピーキング、リスニングの専門家たちは、思いおもいの理想像を描いて高度な能力の獲得を要求するため、結果として、学習者にネイティヴのようにはなれない屈辱感を味わわせています。

　はっきり言って、それら4技能における高い英語力が求められる日本人は全体の1割にも満たないでしょう。

　その1割とは、各国との外交折衝にあたる政府役人、仕事において高いレヴェルの交渉技術が求められるビジネスパースン、通訳者や翻訳家などのエキスパートたちです。

　残りの9割は、そのレヴェルを目指す必要はないし、そうなるようにと尻をたたく専門家のいうことに耳を貸すこともないのです。

　「日本人英語」でかまわないと腹をくくって、伝えたいことの内容に集中すればよいのです。さらに言うなら、「日本人英語」はけっこうつうじるのです。

手もとに、日本人大学生による英語が母語話者にどのくらいつうじるかを調べた研究者の実験報告があります。

　日本人学生がしゃべった言葉を文字として記録したものをアメリカ人に見せて、どのくらい理解できたのかを調べたのです。すると、79.2パーセントもの理解率を示したのです。また、カタカナ英語で読んだ単語や文をアメリカ人に聞かせて、それを書き取ってもらう実験をおこなったところ、単語だけを読んだ場合の理解率は41.6パーセントでしたが、文中に出てきた単語の場合の理解率は66.8パーセントへと大きく上昇したのです（末延岑生『ニホン英語は世界で通じる』）。

　次のような興味深い調査報告もあります。

　日本の高校生に英語で日記を書いてもらい、それをイギリス人とカナダ人に読んでもらって、内容がどのぐらい理解されたかを調べたのです。1266の英文（150作品）のうち、書き手の意図したとおりに理解されたのは75.5パーセントにのぼったのです（宮田学編『ここまで通じる日本人英語』）。

　日本語であっても日本人に100パーセント理解してもらえるわけではないことを思えば、これらの数字は驚異的といえます。

9割の人は英語を必要としない

　近年、「世界語としての英語」（English as a world language）ということがしきりに叫ばれています。英語が世界に広まったのは、第一にイギリスによる植民地

はじめに　015

支配、第二にアメリカの経済成長および文化伝播ゆえですが、いまや英語は母語話者だけのものではなくなったようです。

なるほど、ビジネスやテクノロジーをはじめとするさまざまな分野の最先端では共通語になりつつあるのは間違いないところですし、ノンネイティヴの英語使用者の数は、ネイティヴをはるかに上回っています。

しかし、「英語を話せなくても、べつだん困ることはない」という人たちもまた数多くいるのです。

以前、「英語を話せると10億人と話せる」という英会話学校のキャッチコピーがありましたが、そんなに多くの人と話したい人がいるかどうかはさておき、私は別の意味でたいへん驚きました。世界には英語を解さない人たちが60億人もいるということに。

「世界語としての英語」など、先述の1割の人が重く受け止め、英語という言語を極めればいいのです。あとの9割は英語をやらなくたっていいのです。

『「日本人と英語」の社会学』（寺沢拓敬）によれば、英語をよく使う日本人は、どの年代でも全体のわずか2〜3パーセントしかいません。

しかし、英語を必要としない9割のなかには、どうしても英語で伝えたい、語りたいという願望をもっている人がいます。本書の読者の大半がそうでしょう。そういう人は、ちゃんと自分自身の目標を設定して、それに向かって邁進すればよいのです。

英語を使いこなしている人とは?

　まわりの英語学習者を眺めてみましょう。

　及び腰になって英語にふりまわされている人がいます。英語を使っているようで、じつは英語に使われてしまっている。そんな英語の下僕になっているような日本人を見かけることがあります。まさに主客転倒の構図です。

　そのいっぽうで、「この人は英語を使いこなしているな」という人に出会うことがあります。

　そうした人の英語は、かならずしも流暢と言えるものではありません。むしろ、たどたどしさ、ぎこちなさのほうが目立っている。しかし、じつに立派な英語を話すのです。聞いているうちに、発音の不如意さえも気にならなくなります。なぜでしょうか。

　「内容」があるからです。それで、英語が屹立して見える。それは、いわば「切実な自己表現への渇望によって生みだされた英語」であると言ってもよいものです。

　わたしたちが目指す英語はここにあるのではないでしょうか。「内容のある英語」を堂々としゃべることを目標に掲げれば、同時にまた、英語を学ぶことによって感じる屈辱感から逃れることもできます。

　本書では、そうした英語を身につけるためのヒントをいくつか提示していくつもりです。

「自前の英語」を目標に

　外国語は「手段」であり、「道具」にすぎません。そして、多くの日本人にとって、その外国語とはほかなら

はじめに　017

ぬ英語です。

その英語はいまや強大になり、英語学や英米文学の枠を脱した国際的コミュニケーションの「手段」となっています。また、トレーニングによって習熟可能な「道具」として、多くの国で学ばれています。

そうであれば、英語が英米人だけのものであるというparochial（偏狭な）考え方を捨て、「日本人英語」でかまわないのだと開き直って、それぞれの必要性に応じて「英語という道具」を使いこなしてしまったらどうでしょうか。

「手段」として英語を使う人に求められるのは、流暢にしゃべることではなく、話の中身、つまり「内容」です。発音がどうの、文法がどうのという次元の話ではありません。

話の「内容」に主眼をおいた英語はまた、日本語と同じ重みをもった言語と化し、たんに情報だけでなく、あなたの心情（エートス）、誠実さ、情熱を伝えることにもなります。

コミュニケーションするとは、自己を表現する行為にほかなりません。「情報伝達の道具」は「人格表現の器」にもなって、あなたという人間をトータルに際立たせるのです。

明治の文豪・夏目漱石は、「私の個人主義」という講演のなかで、西洋という権威に迎合してしまう「他人本位」（西洋かぶれ）の生き方に警鐘をならし、独立自尊の気概をもった「自己本位」の生き方を提唱しましたが、この「自己本位」の思想こそ、わたしたちが英語に

向かいあうときに忘れてはならない心がまえです。

「内容」と「自己本位」をフロントに押しだした英語のことを私は「自前の英語」と呼んでいますが、「自前の英語」を身につければ、あなたは自分が必要とする英語をわがものにできるし、英語および英米人コンプレックスから脱することができると確信しています。

ネイティヴ英語を崇拝する者たちは永続的に屈辱感をもつことを運命づけられていますが、「内容」と「自己本位」を目標に掲げれば、気負いもなく英語を学習することができるし、ひるまずに英語で発信することもできます。

むろん、自分にふさわしい表現能力をもつためには、なによりもまず基本的な文法や語彙を習得しなければなりませんが、ひとたび自分のスタイルを身につけてしまえば、あなたの英語を嘲笑したり揶揄したりする者はもはやいなくなり、あなたはひとりの「コミュニケーションする人間」として新たな地平、異なる次元で評価されるようになるでしょう。

「自前の英語3カ条」

人生は有限です。

そして、それぞれの人生には、おかれている環境、残された時間など、さまざまな制約があります。

くわえて、英語を学ぶ動機や理由はさまざまで、掲げている目標もそれぞれに異なります。

しかし、残された人生で、英語を学びなおそうと考えているのなら、次に掲げる「自前の英語3カ条」をぜひ

はじめに　019

肝に銘じていただきたい。これを遵守してくれたら、あなたはきっと英語をわがものにできるでしょう。

（1）ネイティヴ英語を崇拝しない。

日本で生まれ育った者は、どれほど努力しようが、ネイティヴ・スピーカーのようにペラペラと英語を話せるようにはならないし、またそうなる必要もない。ネイティヴ英語を崇拝していると、劣等感、屈辱感、敗北感を否応なく味わうことになる。英語がうまくなる早道は、「ネイティヴ英語崇拝」から脱却することである。

（2）日本人であることに誇りを持つ。

日本人であることに誇りをもてないと、軽蔑の対象になるばかりか、薄っぺらで「他者本位」（英米かぶれ）の"国際人"になってしまう。英米人的な論理や態度をすべて無批判に称揚して真似るのは、二流の英米人になろうとしているようで、たいへん愚かしい行為であるとの認識に立とう（しかし、英語の論理やマナーを知ること、時と場合によってはそれにしたがうことは大切なことである。第5、6章では、それらへのアプローチをこころみている）。

真の国際人とは、日本人としてのアイデンティティを持つ者のことである。アイデンティティを持つとは、日本のことを知ること、愛すること、そして誇りに思うことである。多少なりとも批判すべきところもあろうが、ジョージ・オーウェルが言うように、「右であれ左であれ、わが祖国」（My country, right or left.）なのであ

る。

(3) 英語を極めようとはしない。「内容重視」の英語を目指す。

英語のプロフェッショナルを目指しているのでなければ、「英語を極める」必要はない。英語を「道具」だとわりきって、道具の活用自在を考えよう。文法にのっとった英語であれば、発音にいくぶん難があってもちゃんとつうじる「有用な道具」であり続けるであろう。

「英語を話す」のではなく、「英語で話す」という姿勢をつらぬこう。英語「を」勉強するのではなく、英語「で」必要な情報を受信し発信するという姿勢を堅持するのだ。中身のない「会話ごっこ」をするために多くの時間を割くのは大人げないことである。自負の精神をもって、「内容重視」の英語を身につけよう。

最後になりますが、筑摩書房新書編集部の河内卓さんにお礼を述べさせていただきます。筆者の散らかった断片的な考えを明敏な頭脳でかたちあるものにまとめてくださいました。深謝いたします。ありがとうございました。

里中哲彦（さとなか・てつひこ）

[語句について]

＊「母語」に対応するものは「外語」ですが、一般にはなじみがないため、本書では「外国語」という名称を用いています。

＊本書で使っている「ネイティヴ」および「ネイティヴ・スピーカー」は、native speakers of English（英語を母語とする人たち）のことですが、こうした呼称がすでに定着しているため、それら表記にしたがいました。

＊本書では、日本人に見られる特徴的な英語を「日本人英語」と呼んでいます。「アメリカ英語」「インド英語」「シンガポール英語」などは〔国名＋英語〕としてすでに広く世界で認知されていますが、日本人の使っている英語は、英語の一形態（変種）としては広く容認されていないことから、「日本英語」ではなく、「日本人英語」と表現しています。

第 1 章
「自前の英語」を身につけよう
英語に対する「心がまえ」

01 あなたが「身につけたい英語」とは

明確な目標をもつ

「伸びない」理由

英語を学ぶのに「特殊能力」は要りません。

英語にかぎらず外国語を身につけるには、特別な才能や資質など必要ないのです。

しかし、伸びる人と伸びない人がいます。この差はどこで生じるのでしょうか。

伸びる人は努力していますが、伸びない人は努力していません。この単純な事実があるだけです。

では、伸びない人はどうして努力しないのでしょうか。

それは、彼らが「切実な願望」をもっていないからです。動機づけに失敗していると言ってもよいでしょう。

「英語が話せたらいいなあ」

軽い気持ちで始めた人は、努力を持続できません。

みなさんに問います。

あなたが身につけたい、あるいは身につけなければならない英語は、どのようなものですか。そして、その英語で、あなたは何をやるつもりですか。

さらにお聞きします。

その英語を手にするために、あなたは毎日、どれくらいの時間を費やすことができますか。そして、その英語

をいつまでに獲得するつもりですか。

できるだけ明確に答えてみてください。

なぜなら、それによってあなたが必要とする英語学習の量と方法が決まるだけでなく、何よりあなたと英語との関係が決まるからです。

たとえば、中学英語を身につけている人が、年に2回の海外旅行で用が足せる程度の英語を身につけたいのなら、わずか3カ月から半年程度の熱意ある学習で自分の意思を伝えられるようになるでしょう。

◎I want to ...（……したいです）
◎I'm looking for ...（……を探しています）
◎Where is ...?（……はどこですか？）

などのフレーズを50〜100程度覚え、単語を1,000ぐらい言えれば用が足せます。

しかし、英検3級程度の人が「英語でプレゼンテーションができる」や「ビジネス上の交渉ができる」を目標に掲げた場合は、険しい冬山を踏破するんだというぐらいの意気込みが必要です。「話す」（スピーキング）、「聞く」（リスニング）、「読む」（リーディング）、「書く」（ライティング）における技能を身につけなければなりません。おそらく毎日2時間、3年から5年はやらないと目標へは到達できないでしょう。

おわかりいただけたでしょうか。ひとくちに「英語を学ぶ」と言っても、これほど学習内容は異なるのです。

第1章 「自前の英語」を身につけよう　025

目標は明確に

　私はこれまで数多くの英語学習者に出会いましたが、英語遭難者もたくさん見てきました。

　そこでわかったことが2つあります。

　ひとつは、「目標が明確であればあるほど、目標を達成する可能性が高い」ということ。切実な願望をもっている人は、無目的学習の人と比べると、目標を実現する可能性が高いのです。

　もうひとつは、「学習過程で味わう停滞感や焦燥感は、目的意識が強ければ強いほど払拭される」ということ。技能の習得には、それなりの時間がかかります。もちろんその過程では「伸び悩み」を感じることもあるでしょう。しかし、確固たる目標を持っている人は、少々のことでヘコたれることがありません。

◎ The secret of success is constancy to purpose.
　　　　　　　　　　　　——Benjamin Disraeli
（成功の秘訣は、目的に堅固であることだ）

　ベンジャミン・ディズレーリが言うように、ものごとを成し遂げようと思ったら、ちゃんと目標を立て、それに対して情熱をもって邁進しなければなりません。

　明確な目標を持つ。

　あなたが努力を続けられる原動力はここにあります。

▶「明確な目標」を持とう。

02 「目標」と学習法

学習を始める前に考えるべきこと

どんな目標を掲げるか

思えば、長いこと、英語に接してきました。予備校、大学、カルチャーセンターなどの講師をつとめ、教員歴はすでに34年に及んでいます。

この間、数多くの学生たちと知り合ったのは言うまでもありません。そして同時に、「どうやったら英語が身につくのでしょうか」という質問も、数えきれないほど受けてきました。

そんなとき、きまって私はこうたずね返すのです。

あなたの目標は何ですか、と。

「英語ができる」には、じつにさまざまなレヴェルがあります。あいさつ程度の英語が「できる」もあれば、ビジネス交渉が「できる」レヴェルもあります。

前項でも強調したように、英語学習を始めるにあたって重要なことは、「いかなる目標を掲げるか」ということです。

英語を学ぼうとする人のほとんどは、「英語がしゃべれるようになりたいから」という漠たる理由で英語の勉強を始めます。

「とくにこれといった目標はありませんが、こういう時代ですし、英会話のひとつぐらいできないとまずいと

第1章 「自前の英語」を身につけよう　027

思いまして」と素直に自分の気持ちを述べてくれた中年女性がいました。

「英語で自分の世界を広げたい。広い視野をもった国際人になりたい」との夢を語ってくれた若いビジネスパースンもいらっしゃいました。

結果、どうだったか。

ほとんどの人が長続きしませんでした。

どうしてでしょう。

それは「明確な目標」がなかったからです。

マシュマロのような淡い願望は学習持続の原動力になりませんし、明確な目標を掲げない人は"夢追い人"のまま終わる可能性がひじょうに高いのです。

じっさい、そうした夢をもった人たちに、英語学習のイロハ、すなわち英語を習得することによって得られるメリット（将来性・収入・楽しさ）と、その習得にかかるコスト（時間・費用・労力）を説明すると、とたんに困惑の表情を見せます。そして、「それでもあなたは英語を学びたいと思っているのですか」と問い、さらには「それは英語でなくてはだめなのですか」と念を押すと、たいていの人が小さく首を横にふります。

そして最後に、「なかなか上達しない英語をやってイライラするくらいなら、映画をたくさん観たり、コンサートに足繁く通い、スポーツでいい汗を流し、おいしい料理を食べたほうが、はるかに残りの人生を有意義なものにできると思いませんか」と言うと、笑顔で「そうですね」と納得してくれます（英語をやらないという選択をしてもいいのです）。

準備しておくべきこと

英語学習を始めるにあたって、準備するべきことは次に掲げる3点です。

(1) 目標を設定する (Setting goals)

目標（1年後の目標が望ましい）を決めないと、途中で挫折する可能性が高くなります。たとえば、「1年後に自社製品のプレゼンテーションができるようにする」「1年後に合気道の魅力について語れるようにする」など、期限を設定した具体的な目標を立て、それを書き出しておくことを勧めます。

(2) 学習内容を決定する (Determining learning content)

文法はどうするのか。スピーキング、リスニング、リーディング、ライティングにはどう取り組むのか。やるべきことを決めてください。

(3) 学習法を選択する (Choosing methods of learning)

たとえば、スピーキングは通信ソフト「スカイプ」（Skype）、リスニングは「CNN Students News」（NHK-BS1）、リーディングは「News in Levels」（http：//www.newsinlevels.com/)、ライティングは英文日記を書く、などと具体的な学習法を書き記してください。

▶ 目標を設定したら、それに即した学習内容と学習法を決めよう。

O3 英語をどう捉えたらいいのか

学ぶこと自体を目的にしない

英語に対するコンプレックス

　英語を母語とする人々だけが、おびただしい数の言語をしゃべる76億人の人類のうちで特権的な地位にいます。しかも、その幸運に感謝するどころか、英語非母語者に英語をしゃべることを陰に陽に勧めています。

　こうした英語支配の構造は、インターナショナリズムに見えて、そのじつ英米人にとってのナショナリズムであるとみなす研究者がいます。

　　既存の言語はすべて特定の民族と国家の権力と威信に結びついており、またそこで作り出された強力な言語的首都の存在は、絶え間なく非母語の話し手を差別し、おどしつけるのである。

　　　　　　　　　（田中克彦『国家語をこえて』筑摩書房）

　言語の世界分布図は「帝国主義の夢の跡」（富岡多恵子）であって、まことに「言語は権力である」（大石俊一）といわざるをえません。こうした言語コンプレックスは、英米人という「高級人種」に対するコンプレックスとからみあって、日本人の「劣等意識」をさらに刺激しました。

英語という言語のなかに、支配・抑圧・差別を見るいっぽうで、憧憬・崇拝・羨望をもつという、いわば反対感情が共存するアンビヴァレントの心理状態にいる人がいまも少なからずいます。ひょっとすると、読者のなかにもそうした人がいるかもしれません。

「道具」とわりきるのが大事

しかし、いっぽうで「英語はたんなる道具にすぎない」（English is just a tool.）とわりきって学習している人たちがいます。

私もそのひとりで、そもそも世界的な英語支配を快く思っていない人間ですが、英語という言語を、相手と気持ちをかよい合わせ、情報を収集し、意見を交換するためのツール（道具）であるとみなしています。

こうした取り組みはとくに若い世代に顕著なのですが、彼らは自分の必要としている英語さえ身につければそれでよいと思っています。彼らには、文化支配の言語を学んでいるという屈辱感もなければ、「高級言語」を学びたいという憧れもありません。

グローバルな視点からものを眺めようとするときに、「必要」であり、「利便性がある」という考えのもとで英語を学んでいます。

また、仕事をしながら英語を学ぶＯＪＴ（on-the-job training）で、効率よく英語を学んでいる人たちもいます。

ある若い友人は、英語が必要な部署に5年いたときは英語をひたすら学び、異動でスペイン語が必要になった

第1章 「自前の英語」を身につけよう　031

ときはスペイン語を集中的に学んだそうです。

しかし、彼は文学の諸作品に手を伸ばすことがありません。洋楽も聴かないし、洋画もめったに観ない。外国語の新聞を丹念に読むわけでもないし、ニュースに熱心に耳を傾けるわけでもない。「与えられたミッションに必要な外国語をちゃんと習得したわけですから、それでいいんじゃないですか」とわりきっています。

学習法という面から英語を考えた場合、この若いビジネスパースンのプラグマティズム（実用主義）は大いに参考になります。

英語を学ぶこと、それ自体を目的にしない——「英語習得」の成否はどうやらここにありそうです。

英語習得そのものを到達目標にしてしまうと、いつまでたっても英米人のように英語をしゃべれない自分に劣等感をもつことになります。

英語は「手段」とわりきって、「道具」のように使ってみてはいかがでしょうか。

このような構えで英語に接すれば、コンプレックスを感じることもなく、あなたが必要とする「自前の英語」を手にすることができます。

また、「英語を道具のように使う」という発想に立てば、「道具だから、上質なもののほうが使い勝手がいいに決まっている」という考えが浮かびあがり、道具にさらなる磨きがかかるはずです。

▶英語習得そのものを目的にしない。
▶英語を「道具」とわりきってしまおう。

04 どんな英語を身につけたらよいのか（1）

「自前の英語」を身につけよう

「知識」と「経験」に裏打ちされた英語を話す

「語学を身につけるためには記憶力が大切である。年をとると記憶力が衰え、若いころのようには覚えられない」という世間一般の常識があります。

たしかに、記憶力という点では若い人にはかなわないでしょう。では、記憶力がすぐれているとされる中高生はみな英語が得意でしょうか。

もちろん答えは「ノー」です。どちらかといえば、英語を苦手教科のひとつに挙げている生徒のほうが多いのが現実です。

はっきり言って、英語を学ぶのに必要なのは記憶力ではありません。「目標に向かって邁進しようとする強い意志」と「努力」があれば、英語を身につけることができます。

中高生が学んでいる英語は「受験英語」です。試験に合格するための勉強ですから、大半の生徒はしかたなく机に向かっています。「英語を身につけたい」と熱望している学生はごく少数で、ほとんどは「試験に合格したい」という気持ちで難問と格闘しています。

英語学習における社会人の強みとは何でしょうか。

「知識」と「経験」があることです。

第1章 「自前の英語」を身につけよう　033

もしあなたが40歳を越えていれば、興味のあること
に対する知識や、仕事でたくわえた豊富な経験をもって
いるはずです。

　じっさい、あいさつ程度の英語が話せるようになる
と、そこからはその人自身がもつ知識や経験がモノをい
います。いくら英語を話せるようになっても、話すべき
豊富な知識と経験がなければ会話は続きません。

「ペラペラになる」ことを目指さない

　とはいえ、あなたがどんなに必死になって勉強して
も、ネイティヴ・スピーカーのようにペラペラと英語を
しゃべれるようにはなりません。

　日本で生まれ育った人の場合、英語は母語ではないわ
けですから、そもそも「ペラペラ」の域には達しない
し、またそのようになる必要もないのです。それは英米
人が日本人のように日本語をペラペラと話せない、ある
いは話す必要がないのとまったく同じことです。

　本書を手にとってくださったみなさんが目指すべきは
ただひとつ、「自分にとって必要な英語」を身につける
ことです。そして、それはまた「内容重視の英語」でな
くてはなりません。

　だから、結果として、ところどころ文法が間違えよう
が、少々ヘタな発音であっても、いっこうにかまわない
のです。大切なのは、そう腹をくくって努力することで
す。

　そのためには、「ペラペラになる」などという非現実
的な夢を目標に掲げないことです。ノリがよくても、話

す内容に中身がなければ、それこそペラペラな（薄っぺらな）人間として軽く見られるだけです。

　代わりに、自分の伝えたいことをロジックをもって英語で相手に伝えられる力を身につけましょう。英語は、「流暢な英語」（fluent English）でなく、内容重視の「伝えられる英語」（intelligible English）であるべきです。

　自分自身の見識を語る、中身のある英語。そうした英語のことを私は「自前の英語」（English of my own）と呼んでいますが、同時にそれはまた日本と日本人を語る「自前の英語」（English of our own）でもあるはずです。あなたという人間がどれほど自分の見識を前面に押し出しても、あなたの考え方や発想は否応なく日本的にならざるをえないからです。

　外国人と英語で話していていちばん面白いのは、考え方の差異を感じるときです。「同じ」ということもうれしいものですが、「違う」ということもまた議論を深めるうえで欠かせません。同時にまた、お互いに「違う」ということで一致する（agree to disagree）ことの大切さも痛感するはずです。

　「自前の英語」を話せば、あなたという人間がコミュニケーションのフロントに勇躍し、あなたはひとかどの人間として一目置かれ、ひとりの日本人として敬意を払われる存在になるでしょう。そのとき、あなたは立派な「自前の英語」を身につけたことになります。

▶「自前の英語」を身につけよう。

第1章　「自前の英語」を身につけよう　035

05 どんな英語を身につけたらよいのか（2）

関心のある分野に絞って学ぶ

「英語は不可欠」は嘘

　英語とアジアの諸言語には「言語的距離」の隔たりがあると言われますが、同じアジア諸国のなかでも、インド人やフィリピン人はたいそう英語がうまい。それはなぜでしょうか。

　理由は明らかです。両国ともかつては英米の植民地であったからです。

　インドはヒンディー語をはじめとして、多彩で豊かな言語をもっていますが、かつてイギリスの植民地であったことから、いまなお英語は政府行政機構において準公用語の地位についています。

　フィリピンもまた、アメリカの植民地時代には公用語として英語を使っていました。フィリピノ語（タガログ語）を話せても、英語ができなければ、社会的成功は望めないという現状がいまもあります。

　19〜20世紀をつうじて、アジアで西洋諸国の植民地にならなかったのは日本とタイなど、ごくわずかの国しかありません（タイの人たちも、日本人と同様、英語がヘタだと言われています）。

　結論をいえば、日本人が英語がヘタなのは、英語を使う必要性がなかった、そしていまもないからです。

じっさいのところ、英語ができなくても、なんら日常生活に不便をきたすようなことはありません。「もはや英語は不可欠だ」というのは嘘っぱちで、いまの日本社会で暮らすかぎり、なにをしようと、どこへ出かけようと、すべて日本語で間に合います。英語ができないから日本では暮らせない、という悩みや苦情は一度も聞いたことがありません。

　海外からの情報も、ほとんど翻訳（日本語訳）で手に入ります（信頼できる翻訳がどこの国にもまして多いという事実は特筆に値します）。ほしい情報が英語で書かれていたとしても、インターネットの自動翻訳サーヴィスを利用すれば、短時間のうちに日本語で、しかも無料で読むことができます。

　じっさいこの日本においては、英語を使う場面がとても少ないのです。はっきり言って、英語を使う機会がなければ、英語ができたって仕方ないのです。

　一年に一度の海外旅行とか、たまたま外国人に道をたずねられるといった、それこそ一生に数回あるかないかのことのために、人生の貴重な時間をさいて英語を学ぶなど愚かしいことだということを日本国民はちゃんと知っているのです。日本という国で生きていくうえで、英語は欠くことのできない言語ではありません。

　英語は多くの日本人にとって、「できるにこしたことはないもの」であって、「できなければならないもの」ではないのです。

第1章　「自前の英語」を身につけよう　037

英語が必要ない9割の人はどうするべきか

裏を返せば、死活問題になるような、否でも応でも英語を使わなくてはならない状況にみずからの身をおけば、モチベーションが高まり、目標とする英語を手にすることができるようになります。

『日本人の9割に英語はいらない』（祥伝社）の著者・成毛眞氏によれば、英語を必要としている日本人はわずか1割程度にすぎません（私はもっと少ないのではないかと思っています）。

そうした1割の人たちは否応なく高いレヴェルの英語を獲得しなければなりませんが、あとの9割のなかにも英語をわがものにしたいと願っている人たちがいます。

そうした人は、「押しつけられた必要性」ではなく、「みずから求めた必要性」で英語を学んでいます。

とはいえ、そうしたなかに、じつに内容のある立派な英語をしゃべる人がいます。

筆者は、いくつかの成功例を見るうち、こう思い至るようになりました――どんなことも総花的に話せる英語を目指すよりも、まずは個人的に関心をもっている分野に絞って学んだほうが、結果的に英語をものにできるのではないか。

とくに「やりなおし英語」においては、あれやこれやの分野を網羅的にカヴァーしようとするのではなく、関心のある分野に絞って学ぶほうが身につくのは間違いありません。

▶ まずは関心のある分野にだけ絞って学ぼう。

06 どこから手をつけたらいいのか

「知識」がある内容から始める

誰にも負けないトピックを契機にする

　英語力があっても、うまくコミュニケーションができない人がいます。

　なぜでしょうか。

　話題に関する「知識」が欠けているからです。それで会話に加わらないのです。

　英語をやりなおそうとしている人たちのほとんどは、「知識はあるけど英語力がない」というケースにあてはまります。そこで、やみくもに勉強するのですが、なかなか上達しません。というか、長続きしません。

　どうしてでしょう。

　それは学習内容に興味のないトピックが含まれているからです。「地球温暖化」「赤ワインと心臓病の関係」「アロハシャツの歴史」……さまざまな分野の英文を読んでいる（読まされている）うちに飽きてしまうのです。

　英語を使いこなせるようになった人たちを見ていると、あれやこれやと手を出して総花的に学習した人よりも、限定されたニーズに絞って始めた人のほうが明らかに上達しています。

　英語をやりなおそうとしたら、まずは必要性を感じるもの、興味のあるものだけに限定することです。やりた

第1章　「自前の英語」を身につけよう　039

いものをやれば、頭にも入りやすいのです。

　仕事で英語を使わざるをえない人が「仕事英語」を身につけ、そこからだんだん日常会話の言いまわしやら、英語の発想を学んでいくうち、ついには「英語がうまい」と周囲から言われるようになる——このような人が多いのも事実です。

　コミュニケーション力は「英語力」だけで決まるものではありません。日本語でもそうでしょうが、話題になっていることの「知識」がなければ、会話に参加することができません。

　逆を言えば、たとえ不完全な英語力であっても、トピックの「知識」があれば、質の高いコミュニケーションを維持することができます。

◎ Before you give up, use your knowledge.
　（あきらめないで。知識で勝負すればいいのだから）

　あるトピックについてよく知っていれば、「一を聞いて十を知る」ことができます。わからない単語や表現を耳にしても、話の流れで類推することができるというわけです。

　英語力がさほどなくても、このトピックなら誰にも負けない、と自負するものがあなたにもきっとあるはずです。それを、英語を学び直すきっかけにするのです。

　あなたが蓄えている「知識」とは何でしょうか。

　それはおそらく仕事で身につけた知識でしょう。あるいは、本気で取り組んでいる趣味の知識かもしれませ

ん。ある人はそれが建築に関することであり、ある人は
それがテニスに関するものだったりします。

◎ The knowledge you've acquired is the foundation
for your English
（蓄えた知識こそが、あなたの英語の基礎となる）

TOEIC350点→850点

　化粧品会社に勤めている知り合い（海外居住経験な
し）の話をしましょう。
　彼は大学を卒業してから40歳まで、ほぼ英語とは無
縁の生活をしていました。しかし、仕事のニーズから英
語を使わざるをえない環境に身をおくことになりました。
　その当時のＴＯＥＩＣの点数は「わずか350点だっ
た」そうです。でも、仕事で使う単語を覚え、文法をお
おまかに学んでいくうち、徐々に英語がわかるようにな
り、「わかるから面白くなり」、10年ほど経過した現在
ではＴＯＥＩＣは850点を超え、「英語で会話している
のが楽しい。こんな自分を想像してもいなかった。仕事
英語から始めて、そこから他の分野へ広げていったのが
よかった」と顔をほころばせます。
　無目的に英会話のフレーズを覚えるより、仕事や趣味
で得た「知識」を武器にして"一点突破"をこころみれ
ば、あなたは自分の英語に自信をもてるようになるはず
です。

▶ 持っている「知識」で英語をやりなおそう。

第1章　「自前の英語」を身につけよう　041

07 究極のコミュニケーション英語とは

「自分にしか語れないもの」を語れ

語りやすいトピックとは

　興味のない話はちんぷんかんぷん、興味があることなら理解度はぐんと増す——こうしたことは母語（日本語）であってもよくあることです。じっさい、興味のあることは、話しやすいし、聞きやすい。英語がわかる、わからないの違いは、案外そんなところにあるのかもしれません。

　英語を仕事にしているプロの通訳者でさえ、そうした感想をもらします。ある友人は音楽関係の通訳をおもにやっているのですが、医療、工学、電気関係の分野のこととなると、さっぱりわからないそうです。

　プロといえども、その分野に明るくなければ、きちんと通訳できないのです。英語ができればいいという問題ではなく、伝える内容がちゃんと理解できているかどうかが問題なのです。

　逆を言えば、英語力がそんなになくても、その分野に精通していれば、専門外の通訳者なんかよりもコミュニケーション能力を発揮することができるのです。

　さて、あなたが「存分に語ることができるもの」といったら何でしょうか。

　まずは、「自分自身のこと」です。あなた以上に、あ

なたのことを的確に語れる人はほかにいません。

　次に、「仕事で専門にしていること」、あるいは「興味があること」でしょう。専門分野のことや関心を抱いていることなら、経験談もまじえ、コミュニケーションを活性化することができます。

　それから、「日本」のことでしょう。

　政府のビジット・ジャパン・キャンペーンも手伝って、日本に観光で訪れる外国人が増えています。彼らが知りたがっているのは、もちろん日本のことです。

　人によってさまざまでしょうが、歴史、経済、政治、教育、文化、風俗、料理など、いくつか得意分野があるはずです。それを英語で説明してみたらどうでしょう（ＮＨＫワールドＴＶの『*Japanology Plus*』はたいへん参考になります）。

　以前、囲碁のルールを英語で説明している日本人女性の英語を聞いたことがありますが、発音はお世辞にもうまいといえるものではありませんでしたが、そこに居合わせた外国人たちは、彼女の語る英語にしきりにうなずいていました。やはり内容が大事なのです。

雑談で自分を語れ

　昨今、話すためのレッスンに「オンライン英会話」を利用する人がひじょうに多くなりました。しかし、ネイティヴ・スピーカーに誘導されるようにして話していたのでは、思いどおりの英語を獲得することはできません。

　ＴＶ局に勤務するある女性は、「カウンセリングをす

第1章　「自前の英語」を身につけよう　043

るＡＩロボットの最先端」を取材しにイギリスへ行くので、そのために「オンライン英会話」を利用していると言っていました。そんな話題で相手（オンライン英会話の先生）がついてこられるのかという私の質問に、「そのための知識を仕入れて会話できるようにとネイティヴの先生にお願いしている」とのことでした。

　会話レッスンの主人公はあなたです。「こういう想定で会話がしたい」とリクエストして、積極的に講師を利用しましょう。

　とはいえ、終始ずっと仕事や専門のことを話していては、相手はあなたという人間に興味を失ってしまうでしょう。

　あなたという人間は、おおかた雑談（スモール・トーク）のなかで評価されています。「雑談の名手はビジネスもうまい」と言われますが、それは雑談をつうじて信用できる人間かどうかを判断されているからでしょう。その意味で言うと、「究極のビジネス英語は雑談のなかで自分を語れること」かもしれません。

　あなたが英語を本気で身につけたいのなら、自分のことを雑談のなかで語れないといけません。「自分にしか語れないもの」を語ることで、相手はあなたに興味を持ち、それまでとは違う感情をあなたに抱くはずです。

　名前の由来、故郷のこと、家族のこと、趣味、特技、将来の夢、さらには日本および日本人のことなど、自分に関わりのあることをどんどん語ってみましょう。

▶「自分にしか語れないもの」を語ってみよう。

08 英語の習得は簡単?

英語と日本語との「言語的距離」

アメリカ国務省のデータ

　ここでは、英語と日本語との「言語的距離」(language distance) について考えてみます。

　英語と親戚関係にある言語を母語にしているヨーロッパ人たちが英語を習得するのは容易なことでしょう。

　学習者の母語と学習対象となる言語が似ている、すなわち言語間の距離が近ければ近いほど、習得にかかる時間は少なくてすむわけですが、日本語と英語はどれぐらい離れているのでしょうか。

　アメリカ国務省(日本の外務省にあたる)には、外交官などの政府職員を訓練する機関(FSI)があって、国務省をはじめ各省庁や軍隊に属する連邦政府職員に対し、70を超す言語の教育をほどこしているのですが、そこがたいへん興味深いデータを報告しています。

　それによると、習得しやすい順に各言語を4つのカテゴリーに分類しているのですが、日本語は最後のグループ、すなわち「英語母語話者にはきわめて難しい言語」(languages which are exceptionally difficult for native English speakers) のひとつに数えられています。ちなみに、そこでいう到達目標は「自分が専門とする仕事に使えるコミュニケーション力」という高いレヴ

第1章 「自前の英語」を身につけよう　045

ェルです。以下、過去のデータを参照しながら、大まか
にまとめてみましょう。

カテゴリーⅠ《英語と密接な関係にある言語》
　デンマーク語、オランダ語、フランス語、イタリア
語、ノルウェー語、ポルトガル語、ルーマニア語、スペ
イン語、スウェーデン語の9言語。
　・目標達成までに24〜30週間（600〜750時間）必要。
カテゴリーⅡ《英語に似た言語》
　ドイツ語、インドネシア語などの5言語。
　・目標達成までに36週間（900時間）必要。
カテゴリーⅢ《習得が困難な言語》
　アルバニア語、ロシア語、タイ語などの50言語。
　・目標達成までに44週間（1,100時間）必要。
カテゴリーⅣ《習得がたいへん困難な言語》
　アラビア語、中国語、日本語、韓国語の4言語。
　・目標達成までに88週間（2,200時間）必要。

「時間」と「努力」が必要
　日本語を含むカテゴリーⅣの4言語は Super-hard
languages（超困難な言語）とされています。
　この資料を逆方向から眺めれば、日本人にとっての英
語は、アメリカ人にとっての日本語と同様、習得に時間
がかかる（毎日5時間のトレーニングを週5日こなして
も、88週間かかる）ということが推測されます。それ
も必要性に迫られたエリートが恵まれた環境のなかで集
中的にトレーニングをすると想定した場合の話です。

わたしたちが英語を習得するには、一般に3,000時間かかると言われていますが、2,200時間というのはひじょうに説得力のある数字です。

　よく「ラクして英語を身につけたいと思いませんか」というようなキャッチコピーを目にすることがありますが、このデータからも明らかなように、ラクをして高いレヴェルの英語を獲得することはできません。

　日本語とは文法も語彙も著しく異なる英語という外国語に真正面から向かい合い、その攻略法を綿密に考えた場合、安易な学習法は浮かびあがってくるはずがないのです。

　日々、日本語で生活をしている人が、高いレヴェルの英語を身につけようと思ったら、長期にわたって地道にトレーニングしなければなりません。

　以前、ある雑誌の企画で、ＴＯＥＩＣで900点以上のスコア（満点990点）を取った7人に英語の学習法について話を聞いたことがあるのですが、「ラクして英語力を高めた」と語る人はひとりもいませんでした。みなさん、時間をかけ、工夫をし、努力した、と述べておられました。

　外国語学習は、期待するほど早くその進歩を実感できませんが、地道に継続していけば、確実に伸びるものなのです。

▶ 英語と日本語は「言語的距離」が離れているので、高いレヴェルの英語習得には「時間」と「努力」を要する。

09 「英語習得」にかかる時間

基本の習得には3,000時間必要

学校の授業だけではまったく足りない

「日本人は英語がヘタだ」とよく言われます。

日本人もまた、「小学生のうちから英語を学び始め、中学と高校で6年間、大学へ行った人なら少なくとも十数年間も英語を学ぶのに、カタコトの英語すらしゃべれない」と決めつけられているうち、英語を学ぶことに自虐的ともいえる苦手意識をもってしまったようです。

一般に、英語の基本を習得するには「3,000時間が必要」だとされていますが、平均的日本人は中高大をつうじてどのくらいの時間を英語に費やしているのでしょうか。

英語を"本格的に"学ぶとされる10年間の内訳は、だいたい次のとおりです。

・中学の授業で週に3時間×35週×3年間＝約300時間
・高校の授業で週に4時間×35週×3年間＝約400時間
・大学の授業で週に3時間×35週×4年間＝約300時間

これらを合計してみると、1,000時間にしかなりません（自宅や塾での学習時間を合わせても、せいぜい1,500時間程度だと推測されます）。英語を習得するの

に必要とされる3,000時間の半分しか時間をかけていないのです。

この1,000時間を10年で割ってみると、驚くなかれ、1年で100時間、1日に換算するとわずか3分ほどになってしまいます。あとの時間はすべて日本語で生活しているのです。これが中学から大学までの10年間にわたる学習時間の内訳です。1日たった3分程度で英語を身につけることができるというのでしょうか。

さらに言うと、その中身は「試験のための英語」であって、「コミュニケーションのための英語」ではありません。

「日本人は10年近くも英語を学んでいるのに話せない」との指摘がいかに的はずれな言説であるか、おわかりいただけただろうと思います。

達人になるには5,000時間以上必要

マルコム・グラッドウェルは『天才！ 成功する人々の法則』のなかで、たいへん興味深い報告をしています。

　成功には、才能にくわえてトレーニングが必要だ。しかし、才能のある人の経歴を調べれば調べるほど、持って生まれた才能よりも、トレーニングの役割のほうが大きいように思われる。起業家、バスケットボール選手、ヴァイオリニスト、作曲家、小説家、チェスの名人など、さまざまな分野で「天才」と呼ばれるようになった人たちに共通しているのは、それまでに打

ち込んできた時間がほぼ「1万時間」であるということだ。

1万時間というのは、1日3時間、これを10年続けることです。これがいわゆる「天才」といわれる人たちのトレーニング時間です。

では、日本に暮らしていて「英語の達人」になった人がいますが、彼らはいったいどれくらいの時間を英語に費やしてきたのでしょうか。

私の見るところ、中学から大学までの1,000時間を含めて、5,000時間以上は英語に費やしています（先にご紹介したFSIの報告よりもはるかに多い）。

毎日休まずに3時間学んでも、1年で1,000時間にしかなりません。5,000時間というのは、毎日3時間のトレーニングを休まず5年つづけることになります。英語の使い手になるためには、これぐらいはやらないといけないようです。

みなさんは、まずは、英語の基本を習得するのに必要とされる3,000時間を捻出しましょう。そして、毎日、どれぐらいの時間を英語に費やすことができるかを算出してみてください。

▶ 英語の基本を身につけるには3,000時間、高いレヴェルの英語を獲得するには5,000時間を要する。

10 英語学習とどう向き合ったらいいのか

「トレーニング」することで身につく

まず「ツール」とみなせ

英語が母語でない外国人を見ていると、気づかされることがあります。日本人の場合は、英語を「学問」として位置づけて、数学や社会と並ぶ主要科目と捉えがちですが、諸外国の人たちは外国語をたんなるツール（道具）とみなし、あたかもスポーツや楽器を習う要領でアプローチしています。

◎Learning a foreign language starts with thinking of it as a tool.
（外国語の学習は、それをツールと見なすことから始まる）

いくら水泳の理論を頭で完璧に学んだからといって、泳げるようにはなりません。あくまでも「ツール」ですから、それを道具として使いこなせるようになるためには、プールに入って手足を動かさなければなりません。そうすることで、泳ぐ技法をだんだん身につけていくのです。

こんどは英語学習をジャズ・ピアノの練習にたとえてみましょう。楽譜の読み方がわかったからといって、す

ぐさまピアノが弾けるようになるでしょうか。

　もちろん無理です。ピアノに向かって思いつきで自由に弾きまくればジャズになると思うのは素人の浅はかな考えです。

　ジャズの即興演奏ができるようになるには、規則（楽理）を学び、型（コードやスケール）を反復練習しなければなりません。こうしたトレーニングを日々、積み重ねることで、ジャズらしいピアノを奏でることができ、ジャム・セッションにおける即興演奏で他の楽器とのコミュニケーションをとることができるようになるのです。英語学習はトレーニングです。知識をたくわえるだけの「勉強」と捉えると、とたんに重荷になってしまいます。英語学習は「使うことで磨きをかけていくトレーニングである」とイメージしてみましょう。そう捉えるだけで、英語学習に対する取り組み方も大きく変わってくるはずです。

英語トレーニングの基本事項

　そこで、英語トレーニングの基本事項を3つ確認しておきましょう。

　ひとつは、「実践の場に身をおく」こと。

　コミュニケーションのための英語は、アウトプットしてこそインプットした意味があります。英語を使う機会があったら、臆せず、積極的に利用してください。中途半端な状態であっても、実践の場へ出かけたほうがいい。経験を積めば積むほど、あなたの英語はより磨きがかかります。

ふたつめは、「持ちすぎない」こと。

社会人は、準備を万端にしてしまいがち。ついつい英語教材を買い込んでしまい、どれも途中で放り投げてしまうのです。

ここにギターの課題曲があるとします。ギターを手にしたあなたは、最初の8小節がうまく弾けたからといって、次の課題曲に挑戦するでしょうか。そして、次の曲も最初の8小節だけ……。これではいつまでたっても上達への階段を登ることはできません。

1冊を丁寧に仕上げる。ほかの教材を同時進行させない。そのためには、買いすぎない、持ちすぎない。このことを念頭においてください。

最後は、「まわりの人と自分を比べない」こと。

まわりの目を気にして、劣等感を持ったり、うらやんだりすることには、ひとつもよいことがありません。

◎Never compare yourself with others; compare
  yourself with the old you.
  （他人と比べない。比べるのは過去の自分だけ）

比較していいのは「過去の自分」だけ。トレーニングを始めたころの自分と比べてみてください。そうすれば、進歩や上達を実感できるはずです。

▶英語は「ツール」である。「トレーニング」することで身につくものだと考えよう。
▶他人と比べず、「過去の自分」と比べよう。

第1章 「自前の英語」を身につけよう　053

11 学習の質を向上させるには

「質」と「量」の関係は相互依存

最初は質より量

　社会人はとかく忙しい。だから、トレーニングの時間が「なかなかとれない」とぼやきます。

　そこで多くの人たちは学習の「質」に目を向けます。なにか効率的な方法はないものかと探し始めるのです。時間のない社会人が「質」にこだわるのはあたりまえです。しかしながら、効果的な学習を追い求めるあまり、肝心の学習量が不足してしまっている人たちがこれまた驚くほどたくさんいます。

　私の印象を述べれば、社会人で学習の「質」に問題がある人はほんのわずかなのに対して、「量」に問題がある人は大半を占めます。次から次へとあらわれる効果的な学習メソッドや教材ばかりに目がいってしまい、トレーニングそのものに時間を費やしていないのです。

　「質」と「量」の関係は相互に依存しあっています。いくら質の高い学習を目指しても、一定の量を確保しなければ、逆に非効率的なものになってしまいます。

　語学学習にかぎって言うと、とくに最初は、飛行機が滑走路を疾走するみたいに集中的にやったほうがいい。いったん離陸したら、あとはそんなにがんばらなくても宙に浮いていられるものです。

最初は「質」のことを考えない。質のことばかり考えていると、まとまった時間を確保しなくなり、蓄積もまた薄っぺらなものになりがちです。

　とにかく時間を捻出しましょう。トレーニングのための時間は、あらかじめ用意されているものではありません。「見つける」ものでも、「見つかる」ものでもありません。みずから「つくりだす」ものなのです。

毎日、一定の時間を確保する

　「2年で1,000時間の英語トレーニング」を自分に課したビジネスパーソンがいます。「あなたの場合、目標（英語でビジネスの交渉ができる）を達成するまでに1,000時間かかるでしょう」と私に診断されたからです（「いまの英語力」が「目標とする英語力」に達するまでのトレーニング時間を提示するのが私の指導法です）。

　2年で1,000時間という目標を達成するには、1週間に10時間、つまり1日90分（1時間半）はトレーニングしなければなりません。そこで彼は会社への行き帰りに30分ずつ（土日は朝60分）、そして寝るまえに30分、こうして90分を確保しました（教材は毎月のNHKラジオ講座「実践ビジネス英語」のみ。30分聴いて、60分の復習）。

　始めてから2年が経過しました。彼は毎日90分のトレーニングを積むことで、自分の納得のいく英語力をついに手にすることができました。彼はいま「時間を制限したことがよかった」と述懐しています。

　すでに基礎力を身につけている人たちは、「トレーニ

第1章　「自前の英語」を身につけよう　055

ング時間を制限してよかった」と申し合わせたように述懐します。時間がいくらでもあるとかえって効率が下がり、わずかな時間しかないと思ったほうがむしろ集中することができるようです。

◎Ninety minutes every day is better than five hours on a Sunday.
（日曜の5時間よりも、毎日90分やったほうがいい）

　あなたはいつトレーニングをやるつもりですか。
　リサーチしたところ、ビジネスパースンは圧倒的に「早朝トレーニング」派が多い。朝は、飲み会などの誘惑がないし、脳もリフレッシュされている。出勤前の「限られた時間」なので集中力を高めることができ、結果、密度の濃い学習を得られているようです。
　毎日、一定のトレーニング量（時間）を確保してください。そうすれば、おのずと質も向上していきます。

▶まずは「量」を確保しよう。「質」はおのずとついてくる。とくに最初は集中的にやるのがよい。
▶基礎固めができたと思ったら、トレーニング時間を制限しよう。それによって集中力が高まる。

12 どうすれば学習を続けられるのか

モチベーションを維持しよう

「継続」が大事

なにごとも「継続する」ことでうまくなります。

「継続は力なり」という格言にもあるとおり、地道な努力を続けていけば、かならず成果はでるものです。

◎ Persistence pays off.
（継続は力なり）

とりわけ外国語学習では、persistence（粘り強さ・持続力）がものをいいます。

英語ができないと嘆く人は、「続けられない」からです。続ければ、かならずうまくなるし、続けなければ、上達は止まります。わかりきったことなのに、多くの人は英語学習を続けられません。

社内の同僚たちを眺めてみましょう。出張先で英語によるコミュニケーションに支障をきたしたことが契機となって、「英語の再チャレンジ」を決意したのですが、数カ月もすると、急に熱が冷めてしまう人とそうでない人がいます。どうしてでしょう。

教室に目を転じてみましょう。同じ先生、同じテキスト、同じトレーニング、同じ学習時間なのに、集中して

第1章 「自前の英語」を身につけよう　057

いる生徒もいれば、やる気の感じられない生徒もいます。なぜでしょう。

言語学習に向き不向きがあるのでしょうか。

言語習得に関する研究では「言語適性」（language aptitude）という用語があり、"適性"と"学習成果"の関連について調べているのですが、いくつかの報告を見ると、たしかに関連は「ある」ようです。

このように書くと、「やっぱり自分は語学の才能がないんだ」と嘆く読者もいるかもしれませんが、それは早計にすぎます。

前述したように、外国語の学習は、継続しなければ身につきません。長い年月をかけて取り組むとなると、"適性"よりも「継続力」のほうがはるかに重要な要素になります。継続しなければ、たとえ語学的才能があっても、その言語をものにできないのです。

モチベーションが継続力を支える

では、継続力を支えるものといったら何でしょうか。

それは、モチベーション（motivation）です。

◎Whether you keep trying to learn English or not depends on motivation.
（英語学習を続けられるかどうかはモチベーションにかかっている）

モチベーション（動機づけ）が弱いと、気持ちが萎えて挫折してしまう可能性が高くなります。

くりかえしになりますが、モチベーション維持の最大原動力は「必要性」です。

「仕事で必要」となったとたんに、モチベーションは一気に高まります。どうしても英語で伝えなければならないという仕事上のミッションが断続的にあれば、モチベーションを維持したまま英語学習を続けることができます。

あるいは、自分の興味あることについて人前で発表せざるをえなくなったとしましょう。あなたはモチベーションの高まりを否応なく感じるはずです。

あえて英検やTOEICといった資格試験に挑戦することでモチベーションを維持している人もいます。

あるビジネスパースンは、TOEIC860点（満点990点）と英検1級合格を目指して（それぞれすでに6回ほど受験）、日々の学習を怠りません。自分の力がスコアとなって数値化されることで、モチベーションを保っているようです。

いずれにしても、差し迫った必要性のない人は、なんらかのかたちで自分の英語力を数値化したり、発信したりして可視化する（目に見えるかたちにする）、つまり「見える化」してモチベーションを維持しているという共通点があります。

▶外国語学習は「継続する」ことで上達する。
▶「目に見えるかたちにする」ことでモチベーションを維持しよう。

第1章　「自前の英語」を身につけよう　059

第 2 章

できる人がやっていること
「音読」と「読み書き」

13 「英語で考えろ」と言うけれど

音読について①

「英語で考える」はあとからついてくる

英語が上達する秘訣は、とにかく「英語で考えること」(thinking in English) だと、これまでよく言われてきました。おもに英語教育にたずさわる人たちの側から発せられました（「英語で考える」とは、日本語を意識にのぼらせないで思考する状態のことを言います）。

しかし、日々、日本語で思考している人が、「英語で考えろ」と言われて、ハイ、そうですか、と即座に英語で考えることが果たしてできるものなのでしょうか。

これから日本語を学ぼうとするアメリカ人に、いきなり「日本語が上達する秘訣を教えてあげましょう。それは日本語で考えることです」と助言したらどうでしょう。

「おまえはクレージーか。冗談もほどほどにしてくれ。ニホンゴを知らないのに、どうしてニホンゴで考えられるというのか」と一笑に付されてしまうでしょう。

考えてもみてください。そもそも英語で考えられるという域に達していれば、なにも英語の学習などやる必要はないのです。わたしたちは英語で考えられないから英語を学んでいるのです。初心者に「英語で考えろ」というのは、たんなる非現実的な理想論でしかありません。

英語の達人と言われる人たちは、この「英語で考え

062

ろ」という指導法をどんな目で見ていたのでしょうか。

同時通訳者として名高かった國弘正雄氏は「英語ができるようになったから英語で考えることが可能なので、それは結果であって、断じて途中のプロセスではない。英語を教えてくれもしないうちから、英語で考えろ、など、まさに一知半解の説にすぎない」と真っ向から批判の矢を放ちました。

ビジネス英語のカリスマ的存在である杉田敏氏は「英語力がついてくれば、必要に応じて誰でもある程度自然に英語で考えることができるようになってきます。日本語による表現能力や、会話をすべき内容もない人に英語で考えさせるのは、無意味ですし、本末転倒」だと喝破しました。

同時通訳者・篠田顕子氏は、日本で生まれ育った人の場合、「何事を学ぶにも日本語が主言語。英語で表現される外国人の話を理解しようとする時にもそれは変わらない」のだから、初心者の場合、「主言語で理解する以外に道はない」ときっぱり言いきりました。

同時通訳者・新崎隆子氏もまた「英語のスピーチを聞いた時でも、自分の頭のなかに残っているのは日本語をベースにして処理された情報」だと語り、「少し高度な内容の情報処理にはやはり自分が最も使いなれたプロセッシング・ランゲージが必要」だと述べ、むしろ母語による理解力のほうを積極的に評価しました。また、英語を話す場合においても、「話す内容を論理的に組み立てていくためには、性能のよいプログラミング言語が必要」で、日本語をしゃべって育ってきた人間には、それ

第2章　できる人がやっていること　063

がすなわち日本語になるのだ、とつけ加えました。

　英語の使い手たちは異口同音に、初学者は英語で考えることはできない、との結論を導き出したのです。

「音読」をしよう

　では、「まだ英語で考えられない人たち」が、英語で考えられるようになるためには、どんなことをしたらいいのでしょうか。

　ずばり、「音読」（reading out loud）です。

　意味のよくわかった英文をくりかえし声に出して読むことで、日本語による返り読みのクセが消えて、徐々に英語で考えることができるようになっていきます。

　「音読」により、身体に言葉を記憶させること、つまり内在化（internalize）させることができます。口や舌を動かすだけでなく、目と耳も同時に使うので、英語表現のしくみとコロケーション（連語関係）、リズムとフロー（流れ）を体で覚えることができます。

　「音読」を継続していると、まとまりのある慣用句や構文が自然と頭のなかで活動を始め、そのうち頭であれこれと考えなくても、注いでいた水がグラスからあふれだすように口をついて出てくるようになります。日本語が頭に浮かばないのに、ふと英文の意味がイメージとして浮上してくるのです。そのとき、あなたは「これが英語で考えるということなのか」と実感することでしょう。

▶「音読」をすれば、英語で考えることができるようになる。

14 英語が身につく学習法

「音読」について②

國弘正雄氏の只管朗読学習法

　みなさんは、歌の練習をするとき、目だけを使って練習しますか。それとも楽譜を黙読しますか。誰もそんなことはしないでしょう。歌の練習は、声に出して歌うのです。

　では、英語が話せるようになるためには、何をしたらいいのでしょう。ひたすら目で文字を追う練習をしますか。そんなことは理屈に合いません。とうぜん、声を出すのです。

　このあたりまえのことを日本人に気づかせてくれたのが、音読（只管朗読）学習の提唱者・國弘正雄氏です。

　なんらややこしい理論ではありません。「意味のわかる英文をひたすら声に出して読む」だけの学習法です。

　私自身も信者のひとりで、音読を実践することで英語をなんとか自前のものにすることができたのです。ふりかえってみると、音読トレーニングが英語を身につけるうえでもっとも役立ったように思います。

　しかし、音読を始めるにあたって、気になることがひとつありました。それは「ひたすら声に出して読む」の「ひたすら」です。「ひたすら」とは数にしたらいったい何回ぐらいのことをいうのだろう。10回か、それとも

第2章　できる人がやっていること　065

100回か……。

　あるとき（20歳のころ）、國弘先生に、「先生は音読が大切だとおっしゃいますが、先生ご自身、何回ぐらい音読をなさったのですか」と訊いたことがあります。すると、先生は「中学生のときは、ひとつのレッスンにつき、500回以上は読んだよ」と平然とおっしゃったのです。

　艱難　汝 ヲ珠ニス──さすがは“同時通訳の神様”と異名をとるだけの方は違うなあ、といたく感心したものです。

　先生はさらにつづけて、「納得するまで。自分が納得するまで音読すればいいんだよ」とおっしゃいました。

　私は先生の言う「納得するまで音読する」を「頭の中に英語回路ができたと実感するまで音読する」と解釈して、ひたすら音読に励んだのでした。

どれぐらい音読すべきか

　英語が使えるようになった人たちは、修行期にどれくらい音読をしたのでしょうか。

　英語の使い手たち（30人）に聞いてみました。

　「30回から50回程度」と答えた人が全体の90パーセントでした（500回以上と答えた人はひとりもいませんでした）。「10回程度」と答えた人はひとりで、「10回以下」と答えた人はひとりもいませんでした。

　ある女性通訳者は、高校生のころを回想して、「100回と決めていた。あのころ覚えた1,000のフレーズをいまでもスラスラ言えます」とのことでした。彼女は高校

1年生のときにすでに『ロングマン現代英英辞典』を入手しており、興味をひいたおよそ2,000の英文をそれぞれ100回ずつ音読したそうです。

音読をやった人たちが共通して言うことは、音読をやっていると、脳のなかで「音と意味の回路がつながったと実感する瞬間がある」という経験をしていることです。

声に出して読み、舌が音を体得し、その音が耳になじんだとき、はじめて意味をもった音がストレートに脳に伝わる回路ができるのです。

では、音読はいいことばかりかというと、残念ながらそうではありません。

読んだままを日本語に訳さず英語で理解していくという、いわゆる「直読直解」ができるようになると、音読はもう足手まといというか、時間を浪費する効率の悪い学習法となります。

大量の情報を短時間で吸収・処理するには、音読はやはり非効率です。上級者はどうしても速読（speed reading）のための黙読（silent reading）ができなくてはいけません。

けれど、ここが重要なのですが、その黙読ができるようになるためには、やはり音読の道を一度は歩まなくてはならないのです。

▶意味のわかる英文を「音読」して、トレーニングの第一歩を踏みだそう。

▶「音読」は、最低50回はやろう。

第2章　できる人がやっていること　067

15 音読トレーニング法

音読について③

勝手な方法でやってもダメ

　ギリシャ神話に登場するトロイアの遺跡を発掘したことで有名なドイツ人、ハインリヒ・シュリーマンは、独学で多くの言語を身につけた語学の天才ですが、彼もまた外国語を習得する秘訣として、日々の「音読トレーニング」を挙げています。

　じっさい、音読は日本人だけがやっているトレーニング法ではなく、ヨーロッパや中国などでもよく見かける「外国語習得法」です。

　先に紹介した國弘正雄先生は、「音声面を重視した英語教育をしてこなかったことが、日本の英語教育の最大の過ち」と述べて、ひたすら「音読」の普及に尽力しましたが、先生の教えどおりに音読をやって上達をした人たちが、次から次へとその絶大なる効果を口にするようになって、音読トレーニングはその裾野をさらに広げるようになりました。

　しかし一方、自己流で音読を始める人もいて、その効果を疑う人が出てきたのもまた事実です。

　音読は、ただ英文を声に出して勝手に読めばよいというものではありません。やり方を間違えると、何回やっても効果はでません。

音読トレーニングのやり方

　では、どんなふうに「音読」をやったらいいのか。以下、そのトレーニング法についてまとめておきます。

《音読6カ条》

1. **テキストと音声教材（CDなど）がセットになっているものを選ぶ。**

　音声がないと、間違った発音とイントネーションで英文を読むことになってしまいます。教材は英文法の本でも、NHKの英語講座のテキストでもかまいません。また、教材が本（もしくは雑誌）でなければならない理由は、「1冊をやり終えたことによる達成感」をもってもらうためです。

　私が勧めるのは、NHKのラジオ英語講座です（予約録音ができるラジオもあります）。TV講座よりもテンポがよく、英語の音に集中できるようにつくられています。「英会話タイムトライアル」や「実践ビジネス英語」など、興味のある講座を選ぶとよいでしょう。

2. **英文の構造を理解する。**

　意味のわかる英文を音読してください。意味がわからなければ、文の構造を考えて、意味をつかみとってから音読してください。英文のしくみを理解することは、英文の語順を意識することにもつながり、リスニング力も伸ばすことができます。

3. **リズムを感じとる。**

　日本語はふつう、抑揚をつけず平坦な話し方をしますが、英語は波うつような強弱をもったリズムでしゃべり

ます。単語の発音だけでなく、文全体のイントネーション（抑揚）を耳で感じとってください。その場合、聞こえてくる順に意味をつかんでいってください。10回はくりかえし聞いてください。

4. 「ボソボソと読む」のは厳禁。

ボソボソとつぶやくように発せられた英語は伝わりません。大きめの声ではっきり読みましょう。

5. 最低50回は読む。

英文（スクリプト）を見ながら、最低50回は読んでください。英語の音をなぞるように読むのではなく、意味内容をイメージしながら声に出してください。「近い将来、この表現を使ってやるぞ」という気持ちで音読しましょう。慣れてきたら、「高速音読」をやってみましょう（脳科学の研究者である川島隆太教授によれば、速く読めば読むほど、脳は活性化するそうです）。「加速、加速、もっと加速！」と自分に言い聞かせましょう。

6. ひとつの教材をやり終える。

とにかく最初の1冊をやり終えてください。最後までやりきれば、達成感だけでなく、モチベーションもあがります。こうして、2冊、3冊とこなしていくうち、数カ月まえとは格段に違う自分を発見するはずです。

▶意味のよくわかる英文を、抑揚をつけて、大きな声で、読もう。

16 「シャドウイング」とは

音のデータベースを増やす

シャドウイングのやり方

　音読トレーニングをやったら、さらなるリスニングやスピーキングの向上をはかるために「シャドウイング」（Shadowing）という訓練法に挑戦する人たちがいます。

　シャドウイングとは、shadow（影のようにあとについていく）という動詞から生まれた言葉で、聞こえてくるプロソディ（prosody：音調、強勢、リズムなどを含む発話の韻律）を少し遅れてくりかえす練習法のことです。

　わかりやすく言うと、抑揚（イントネーション）や強勢（ストレス）を含め、聞こえた音声をできるだけ忠実に再生（復唱・追唱）することにより英語力の向上をはかるトレーニング法です。つまり、リスニングとスピーキングを同時進行でおこなうのです。

　しかし、ただ「再生する」とはいえ、文の抑揚や音の強弱・連結・同化に関心を向けるだけでなく、語順・語法・文法などの知識を総動員しておこなうため、高いレヴェルの処理能力を要求されます。

第2章 できる人がやっていること　071

《シャドウイングの基本的なやり方》

1. 一読して、内容が「ほとんど理解できる教材」を選ぶ。
2. 教材の内容は、興味のあるスピーチ、ニュースを選ぶ（インターネットでは無料で入手できる音声教材がたくさんあります）。
3. ひとつの素材にじっくり取り組む。練習時間は集中できる時間を考慮すると、1回20～30分がよい。
4. 個人が自宅でおこなう場合は、ヘッドホンや両耳イヤホンを使用する。
5. シャドウイングをやっているときは文字原稿を見ない。

　この練習法はもともと同時通訳者を目指す人のための基礎訓練のひとつでしたが、いまでは高校生や大学生のレヴェルでも効果があるのがわかっています。
　音読のスピードは自分自身で選べますが、シャドウイングは話し手のスピードについていかなくてはなりません。それゆえ高い集中力と高度な処理能力が必要とされるため（緊張を強いられるためストレスもたまりやすい）、同時通訳のプロフェッショナルを目指す人を除いては、残念ながら長続きしている人をあまり見かけません。そのため、「上級者向きの練習法」と言われることもあります。

最大の効果とは

　シャドウイングの最大の効果は「音のデータベースが増える」ということです。

　たとえば、音読では "first of all" と3語に区切って読んでいたものが、シャドウイングでは〔ファスタヴォ〕というひとつの音声として処理され、脳内で「"first of all" は〔ファスタヴォ〕というひとつの音声ユニットである」との認識となって保存され、別の機会に〔ファスタヴォ〕が聞こえたときは、瞬時に頭のなかで検索され、音声知覚の自動化がなされます。

　シャドウイングをやることで、そうした英語の音がデータとしてどんどん蓄積されていきます。これによって、スピードの速い音声も聞き取れるようになるのです。

　シャドウイングの入力モードは聴覚によるものですが、リスニングという受信に役立つだけではありません。

　スピーキングという発信にも効果があるのです。そもそもシャドウイングは、耳にした音を声に出してオウム返しにするわけですから、同時に発音とリズムの練習をしていることにもなります。

　シャドウイングをすることで、英語らしい発音ができるようになることはさまざまな研究報告でも明らかです。また、初級・中級の学習者であっても効果が認められています。

▶シャドウイングで「音のデータベース」を増やすことができる。

第2章　できる人がやっていること　073

17 どんな辞書を使ったらよいか

「英和」「和英」「英英」を選ぶポイント

辞書もいろいろ

英語学習に欠かせないものといえば「辞書」です。

わからない単語に出会ったら、まず意味を調べます。そして、意味をたしかめたら、例文に目をとおします。それが動詞だったら、名詞形や形容詞形も眺めてみます。

同義語や反対語をチェックしたり、熟語や慣用句にまで視線を伸ばすこともあります。辞書によっては、単語のコア・イメージ（中核的イメージ）が図解されていたり、類語のニュアンスの違いを説明するなど、たいへん親切なものがあります。

選ぶときのポイント

辞書は、英和、和英、英英の3つを持ってください。以下、辞書選びのポイントを述べます。

《辞書を選ぶときのポイント》
1. 新しい辞書を使用する。

言葉は生き物です。新しい語が次々と生まれています。辞書は新しい版のものを手に入れてください。

074

2.「電子辞書」と「紙の辞書」を併用する。

　「電子辞書」（音声機能のついたもの）は軽量なので、持ち運びにたいへん便利です。単語を入力すれば、すばやくアクセスできるばかりか、英英辞典で調べた単語をそのまま英和辞典に飛んで検索ができます。

　いっぽう、「紙の辞書」はイラストや図解を含めた全体の情報がいっぺんに目に入るのでたいへん役立ちます。また、マーカーで色をつけたり、線を引いたりすることもできるので、単語の全体像をつかみやすく、自分が以前どこに注目したかということがわかるという利点があります（私は「紙の辞書」の愛用者です）。

　それぞれ利点があるので、自宅では「紙の辞書」、外出先では「電子辞書」というふうに使い分けている人もいます。

3.「英和辞典」は見やすいものを選ぶ。

　英和辞典は、それぞれに特色があって、見比べる楽しさがあります。ちなみに私がよく使っている英和辞典は、文法・語法の説明がくわしい『ウィズダム英和辞典』（三省堂）と、単語のコア・ミーニングがわかりやすい『Eゲイト英和辞典』（ベネッセコーポレーション）です。また、アプリの『ウィズダム英和・和英辞典』は、説明が充実しているうえに例文検索が豊富で、たいへん重宝しています。

4.「和英辞典」はコラムが充実しているものがよい。

　優劣の差が著しいのが和英辞典です。なかには見出し語の訳語だけを羅列するだけで、それぞれの意味の違いや使い方を明らかにしていないものもあります。

第2章　できる人がやっていること　075

出色なのは『スーパー・アンカー和英辞典』（学研プラス）と『オーレックス和英辞典』（旺文社）です。

　前者は、日常の語彙（とくに若者言葉）を数多く採り入れ、人々の時代意識を例文にうまく反映させています。コラムも充実しており、とくに「あなたの英語はどう響く？」は日本人学習者にはたいへん役立つものとなっています。

　後者は、語の使い分けがわかりやすいうえに、100名以上の母語話者を対象とした調査結果をまとめたコラム（「PLANET BOARD」）を126項目も載せており、現代英語の諸相を映し出す貴重なデータとなっています。

5.　英英辞典は非ネイティヴ・スピーカーの学習者を対象にしたものがよい。

　『ロングマン現代英英辞典』（*Longman Dictionary of Contemporary English*）は、8万もの語句を基本2,000語で説明しているので、長く親しんでいるうちに 自然とやさしい語句でパラフレーズする（言い換える）ことができるようになります。

　『コウビルド英英辞典』（*Collins Cobuild Advanced Dictionary*）は、見出し語の意味をフルセンテンス（完全文）で定義しているので、あたかも口頭で教えてもらったような印象を受けます。語のイメージがつかみやすく、フルセンテンスなので「音読」にも適しています。

▶辞書は、「英和」「和英」「英英」の3つを持つのが望ましい。

18 モチベーションが低下したら

「エッセイ」や「通俗小説」を読んでみよう

英語の小説やエッセイを読む

　英語を学ぶ必要性をどんなに感じていても、数年に及んで英語を学んでいると、マンネリ化してきて、モチベーションはしだいに低下してしまいます。

　これを英語では demotivation（動機減退）といいますが、動機づけが減退してきたときはどのようにしたらいいのでしょうか。

　そうしたときにお勧めしたいのが、「英語で書かれた小説やエッセイを読む」ことです。息抜きのつもりで「英語を理解する」から「英語を味わう」へ転換すると、それまで考えてもみなかった多くのことに気づかされます。

　数年前、いわゆる「ちょっといい話」を集めた *Chicken Soup for the Soul*（『こころのチキンスープ』ジャック・キャンフィールド、マーク・ヴィクター・ハンセンほか）を、英語を学ぶ40〜70歳の男女十数人に紹介したところ、「内容が心にしみた」「英語に開眼した」「あの本がきっかけで英語のトレーニングが続けられた」などの声が寄せられたことがあります。

　それぞれのエッセイが短く、しかも読みやすい英語で書かれているので、知らずしらずのうちに物語の世界に

第2章　できる人がやっていること　077

浸ることができたようです。

　口語に多く接して、その躍動する相を見ていると、文学のもつデリケートにして深奥な世界が感じられることがよくあります。

「通俗小説」のよいところ

　だいぶ前の話ですが、たまたま手にとったロアルド・ダールの *Charlie and the Chocolate Factory*（『チャーリーとチョコレート工場』）がたいへん面白かった。

　そこで、主人公ウィリー・ウォンカ（Willy Wonka）のジョークが愉快だった、と知り合いのイギリス人に話すと、「主人公の名前自体がもう愉快だよね」という。

　ポカンとしていると、彼は「"Willy" はイギリスの子どもたちがよく使うスラングで、"オチンチン" のことなんだ。さらに "Wonka" は wonky（ぶらぶらする）を想像する仕掛けになっていて、イギリスの子どもたちは "Willy Wonka" と聞いただけで、くすくす笑うんだ」と説明してくれたのです。

　英米の小説の何が面白いかといって、そのユーモアのセンスです。英米小説がそのほかの国の人々を惹きつける魔法はユーモアにある、といってもいいのではないでしょうか。

　イギリスの作家サマセット・モームは平明な文体と巧妙な筋書きで多くの読者を魅了しましたが、

◎Love is what happens to men and women who don't know each other.

（愛とは、互いを知らぬ男女のあいだに起こるものである）

◎ The tragedy of love is indifference.
（恋の悲劇は無関心である）

◎ The love that lasts the longest is the love that is never returned.
（最も長くつづく愛は、報われぬ愛である）

など、ユーモアのある名言も数多く残しています。

　肩のこらない小説を読むことはまた、その国の風俗や慣習を知ることにもなります。モーム自身、あるエッセイで、「ある国の文化を知りたければ、その国の通俗小説を読むことだ」と述べています。

　深遠な人間の心理を追求した小説は、えてして抽象的になりがちで、その国の人がどんなことに価値をおいているか、何を好んで食べているか、どんなしゃべり方をするかなどという話題はしばしばなおざりにされがちです。

　いっぽう、通俗小説は、日常に即した話題がたくさん出てくるし、作者のほうも一般の読者のことを考えながら書いているので、よその国の人が読むといろいろと面白い発見があります。

▶ 心にしみるエッセイや面白そうな通俗小説を読もう。
　思わぬ拾い物があるはずだ。

第2章　できる人がやっていること　079

19「多読」の習慣をつけるには

「多読の3原則」を守ろう

いつから始めるべきか

　たくさん本を読むことを「多読」（extensive reading）と言います。「多読」のいいところは、楽しみながら英語力を伸ばせるところにあります。

　しかし、いきなり「多読せよ」と言われても、容易にできるものではありません。じっさい、次のような質問をよく受けます。

　英語学習の、どの段階から「多読」をしたほうがいいのか。わからない単語に出くわしたら、どうしたらいいのか。

　その答えが、すでに明治39年（1906）に提出されています。「多読」について、英語教師でもあった夏目漱石は次のような文章を書いています。

　　英語を修むる青年はある程度まで修めたら辞書を引かないで無茶苦茶に英書を沢山（たくさん）読むがよい、少し解らない節（せつ）があって其処（そこ）は飛ばして読んでいってもドシドシと読書していくと終（しま）いには解るようになる、又前後の関係でも了解せられる、其れでも解らないのは滅多に出ない文字である、要するに英語を学ぶ者は日本人がちょうど国語を学ぶような状態に自然的習慣によっ

080

てやるがよい、即ち幾度となく繰り返し繰り返しする
がよい、ちと極端な話のようだが之も自然の方法であ
るから手当たり次第読んでいくがよかろう。

（「現代読書法」）

　興味深いのは、英語をある程度まで修めたら、あとは
「多読」せよ、その場合、辞書を引かないほうがよい、
と勧めているところです。これは、いまも通用する「多
読の技法」です。
　文法を大まかに習得し、単語を3,000語ほど覚えたら
「多読」するのがよい、と言い換えてもいいでしょう。
　では、楽しく読書するうえで、どんなものを読んだら
いいのでしょうか。
　自分の興味のある本を選ぶ——これに尽きます。
　英語力を伸ばすうえで役立つと言われても、興味のな
いものは、読んでいてもつまらなく感じられるもので
す。そのような本は手にとらないでください。

多読の3原則

　以下に、「多読の3原則」をまとめておきます。

1. 興味のある本を選ぶ。

　興味のないものはつまらなく感じられるものです。自
分が関心をもつものであれば、わからない単語と出くわ
しても類推できる可能性が高い。たとえば、それが
manga（日本の「マンガ」を英訳したもの）である場
合、すでにそのマンガを日本語で読んでいる可能性が高

第2章　できる人がやっていること　081

いので、初見であってもたやすく類推でき、しかも多くの口語表現を「使える単語」として定着させることができます。

2. やさしいレヴェルの本から読み始める。

内容が平易なものは、基本単語を使っている割合が高く、基本単語のイメージを知らずしらずのうちに身につけることができます。わからない単語だらけの本は避けたほうがいいでしょう。目安としては、1行に平均2つ以上のわからない単語があれば、あなたのレヴェルに合っていない読み物だと言えます。最後まで楽しく読みきれそうなものを選ぶ——これが「多読」を継続させる秘訣です。

3. 辞書を引かない。

わからない単語に出会うたびに辞書を引くと、そこで思考の流れが途切れてしまい、物語世界に没入できなくなってしまいます。小説の場合、7割ほど理解できれば、物語を楽しむことができます。9割ぐらいわかれば、いくつかの言いまわしに感心する余裕さえ生まれるでしょう。わからない単語に出くわしたら、かまわず飛ばしてしまいましょう。辞書をどうしても引きたくなったら、「本日ぶん」を読み終えたあとで、「この単語の意味だけは知りたい」というものだけを引くようにしましょう。

▶「多読の3原則」を守れば、英語力を確実につけることができる。

20 お勧めの本は?

"勘どころ"は多く読まないと身につかない

「多読」の効用

「多読」は一般に、時間のわりには効果の少ないトレーニング法のように思われています。しかし、私の場合、ふりかえってみると、「音読」と並んでもっとも役立ったのが「多読」であったように思われます。

微妙な表現法を含む英語の肝心かなめ、いわゆる"勘どころ"は、多く読むことでしか身につかないものと確信しています。英語トレーニングの"急がば回れ"は、「多読」こそがふさわしいものではないでしょうか。

お勧めの本

自分の興味のあるものを読むのがいちばんですが、ここでは不特定多数の読者に気に入ってもらえそうなものをいくつか紹介しましょう。

① *Seriously Silly School Jokes*　Tony Trimmer

初級・中級者向き。タイトルからわかるように、先生と生徒によるクイズ形式の学校ジョーク集。

先生：Write the longest sentence you can.

生徒：Easy! "Life imprisonment."

このようなジョークが満載されています（"senten-

第2章　できる人がやっていること　083

ce" には「文章」のほか、「刑（罰）」の意味もあります。"life Imprisonment" は「終身刑」の意）。単語を増やすにはもってこいの本。

② *All-American Girl*　Meg Cabot（メグ・キャボット『恋するアメリカン・ガール』）

　中級者向き。ティーンエイジャーの女の子（サム）は、アメリカ大統領暗殺を阻止したため、一躍世界から注目されてしまう。しかし、彼女にとってのいちばんの興味は、やっぱり恋。著者は、ヤングアダルト小説のラブコメを得意とする女性小説家。会話が面白いし、地の文も平易な言葉で書かれているのでたいへん読みやすい。英語力が乏しくても、きっと最後まで読めるはず。

③ *The How Rude! Handbook of Friendship & Dating Manners for Teens*　Alex J. Packer

　中級者向き。ハイスクールの学生を対象として書かれたマナーブック。友人に秘密を打ち明けられたときの対応、男女交際のエチケット、ドラッグに誘われたときのかわし方などについて指南しています。マナーブックとしても上出来ですが、なにより著者のユーモア・センスが光っています。

④ *How to Japan―A Tokyo Correspondent's Take*　Colin Joyce（コリン・ジョイス『「ニッポン社会」入門――英国人記者の抱腹レポート』）

　中級者向き。日本人と日本社会について書かれているのでたいへん読みやすい。「もし日本の社会について学びたければ、近くのプールに行ってみることだ。規則と清潔さを愛し、我慢強く、大きな集団の悪事に寛容な国

民生活が理解できるはずだから」と説く英国人記者の観察力に感嘆の声がもれるばかりか、随所にちりばめられたユーモアにもニンマリしないではいられません。これを楽しく読めたら、続編の *Now How to Japan — Fresh Discoveries, Further Rellections*（『新「ニッポン社会」入門』）や、英国社会をおもしろおかしく紹介した *Let's England — A Foreign Correspondent Comes Home*（『「イギリス社会」入門——日本人に伝えたい本当の英国』）もどうぞ。

⑤ *How to Talk to Anyone*　Leil Lowndes（レイル・ラウンデス『人をひきつけ、人を動かす』）

　上級者向き。人間関係を円滑にして、恋愛、仕事、人生で成功をつかむコツを伝授する。笑顔の見せ方、笑うタイミング、相手の褒め方など、自分を印象づける92のコミュニケーション・スキルを、ユーモアを交えて披露しています。

⑥ *A Quiver Full of Arrows*　Jeffrey Archer（ジェフリー・アーチャー『十二本の毒矢』）

　上級者向き。ローレンス・ブロック（アメリカの作家）のミステリ小説と並んで、筆者に英語で小説を読むことの面白さを教えてくれた本。読者を物語世界に引き込む手腕は見事の一語に尽きます。短篇（12本）を収めているので、長い小説は苦手という人にもお勧め。

▶「多読」をすれば、英語の "勘どころ" をつかむことができる。

21 どうやって英文をつくるのか

「英借文」をやってみよう

正しい英文の型を「借りる」

　ネイティヴ・スピーカーの書いた英文と自分のそれを比較してみると、英語と日本語の発想の違いを否応なく思い知らされます。しかし、ネイティヴの「型」を真似していくうち、「伝わる英語」のデータベースが厚みをもつようになります。

　高校生のときに教わった英語の先生は「英作文は英借文（いじちすみまき）なり」（伊地知純正・元早稲田大教授の言葉だとされる）とダジャレのようなことをよく言っていましたが、ふりかえってみると、じつに説得力のある教えでした。

　「英作文は英借文なり」とは、英文を勝手に「つくる」のではなく、すでにある正しい英文の型を「借りる」ことにより、自分が表現したい文へとつなげていくことです。

　「英借」する際に忘れてはならないことは、「見たことも聞いたこともない文章を勝手に書いてはならない」ということ。自分でこねくりまわして“創作”した英文は、残念ながら文法的にも語法的にも誤りを含んでいる可能性がひじょうに高いのです。

　使い勝手がいいのは、ネイティヴによるスピーチやエッセイの一部をモデル・パラグラフとして利用すること

です。

　外国人がよくする質問のひとつに「日本は"ニホン"、それとも"ニッポン"ですか？」がありますが、あるアメリカ人が書いたレポートに加工の手を加えて、以下のように短くまとめてみました。

◎ We say "*Nihon*" or "*Nippon*." The Chinese characters can be read two ways. There's no official rule. According to one survey, about 60% of the people say "*Nihon*," and about 40% say "*Nippon*." Younger people tend to say "*Nihon*," and more and more people are expected to say "Nihon" in the future.

（「ニホン」とも「ニッポン」とも言っています。同じ漢字で2種類の読み方ができます。公式に定められてはいません。ある調査によると、「ニホン」と言っている日本人がおよそ60パーセント、「ニッポン」が40パーセントだそうです。若い人ほど「ニホン」と言う傾向があって、今後は「ニホン」と言う人がさらに多くなるのではと予想されています）

　このように言えば、言いたいことがしっかり伝わるばかりか、ちゃんとした英語をしゃべる人との印象を与えることができます（実証済みです）。

　プレゼンテーションも同様です。「論理構成」（logical organization）にフォーカスしてひとつのフォーマットをつくっておけば、あとは名詞や形容詞を換えるだ

第2章　できる人がやっていること　087

けで幅広く運用できます。

会話文からの「英借」も

　会話文から「英借」することもできます。

　たとえば、Where can I catch a taxi?（タクシーはどこでつかまえられますか？）という英文を目にしたとしましょう。Where can I ...?（どこで……できますか？）をひとつの「型」として捉え、

◎ Where can I get a ticket?
　（チケットはどこで買えばいいのですか？）
◎ Where can I meet you?
　（どこで待ち合わせしましょうか？）

　などと応用してみるのです。

　シチュエーションを「海外旅行」に想定した場合、"Where can I ...?" はきっと大活躍してくれるでしょう。

　その気になれば、「使えるフレーズ」はあちこちにころがっています。用途に応じて、それらをデータベース化してみましょう。

▶ 英作文は「英借文」なり。英文は、自分で「つくる」のではなく、「借りる」ことを心がけよう。
▶ 「英借」をやっていれば、英文を書く「型」が身につく。

22 英文で日記を書いてみる

4行日記を書こう

英文で日記を書く

　ある商社マンによれば、「むかしはオフィスに入れば、半分以上の人が電話でしゃべっていた。ところが、いまはメールを打つキーボードの音ばかり」だそうです。インターネット時代は、「話せる」よりも、「読み書き」のほうがはるかに大事だとか。

　こうした時勢を反映してか、「英文で日記を書く」ことをトレーニングとして採用しているという人が年々ふえているようです。なかには、「英文を書く」という行為が日常化されて、日々の楽しみですらあるという人も見かけます。

　みなさんも、自分自身のこと、興味のあることを日記に書いてみたらどうでしょう。むろん、その日の天気だとか、興味のないニュースなんかにはふれない。そんなことを書いても、「自前の英語」には役立たないからです。

　日記は、書くことが楽しい半面、面倒にもなりがちです。「毎日、英語で日記を書く」と固く決意をしてしまうと、それだけで負担になってしまいます。

　何か感動したことや思わぬ出来事が自分の身に起きた日にだけ書くことにして、気楽にのんびりとやったほう

第2章　できる人がやっていること　089

が長続きするようです。1回の分量も決める。それも長くは書かない。

「4行日記」がお勧め

そこで、お勧めするのが「4行日記」です。

とにかく英文を4つ書く。それ以上でもそれ以下でもない。例を出してみましょう。

【例1】　April 21, 2019

Today is the anniversary of Prince's death.
I listened to some Prince songs.
His music never bores me.
He was truly a genius.

（きょうはプリンスの命日。
何曲か聴いてみた。
プリンスの音楽は飽きることがない。
彼こそ真の天才だ）

【例2】　September 26, 2019

I rented a DVD today.
The title was "*Life Is Beautiful*".
I felt sad, but was deeply moved.
A movie is like a 2-hour trip.

（きょう、ＤＶＤを借りた。
題名は「ライフ・イズ・ビューティフル」だ。
悲しかったが、とても感激した。
映画は2時間の旅のよう）

【例3】 October 2, 2019

I caught a cold.

I have a runny nose.

And I also have a slight fever.

I'll take some medicine and go to bed early tonight.

（風邪をひいた。

鼻水が出る。

それに微熱もある。

薬を飲んで、今夜は早く寝よう）

【例4】 January 20, 2020

I have a huge money problem.

I lost one million yen when stockprices fell.

I've been broke for a while.

Poor me.

（このところ、大きな金銭的な問題を抱えている。

株価が下がって100万円の損をしたからだ。

ここしばらくはスッカラカンの状態。

可哀想な僕）

　どうですか。こんなふうにやるのだったら、書けそうな気がしてきませんか。日記を書けば、モチベーションの維持に役立つばかりか、素直な自分の気持ちと向き合うことができます。

▶「英語4行日記」で、書く力を養おう。

第 3 章
コミュニケーション英語のために
「話す」と「聞く」のトレーニング

23 「日本人英語」でかまわない?

「つうじる英語」であればかまわない

「日本人英語」をめぐるさまざまな意見

　英語は「国際共通語」であると言われています。「世界語」「地球語」「混成国際語」「リンガ・フランカ」(lingua franca) と呼ぶ識者もいます。呼び名はそれぞれ違っていても、英語はもはや英米人だけの所有物ではなく、世界各地でその地域に特徴的な表現形態をもつようになったということをあらわしています。

　とはいうものの、「国際社会」というのはまったく不公平です。そこに入るというだけで、非英語国民は膨大な時間と莫大な労力を費やさなくてはならないのですから。その意味で言うと、日本にとっての国際化は「国災化」なのかもしれません。

　さて、そうした煽りを受けてか、わが国でも「いまの英語はアメリカやイギリスの中産階級の英語にあまりにも傾斜しすぎている。いまや英語は、リージョナル・ランゲージ（地域言語）にもなったわけだから、日本人英語があってもかまわないのではないか」というような発言を耳にすることが多くなってきました。

　「外国語、それも世界でいちばん伝播力のある英語を学ぶことの意義は、日本の情報や信念を国際社会に向けて発信することにあるのだから、英米人たちが使う英語

094

だけが"正しい"などというのは根本的におかしい」と主張する人もいます。

　また、英米人と同じような発音をするのは「屈辱的」だとして、あえて日本人っぽく英語をしゃべることを積極的にすすめるような意見もあります。

　「日本人英語」のあり方については、傾聴に値するものも数多く提出されていますが、なかにはコミュニケーション論の基本を踏まえていないものも散見されます。

　「日本人英語」を論じる際に忘れてはならないのは、コミュニケーションは互いの歩み寄りがあってはじめて成立するものである、というあたりまえの前提です。

　言うまでもなく、コミュニケーションは、相手の言い分もしっかり聞くが、自分の主張も相手が理解できるように述べる、という姿勢が双方にあるときのみ成り立つものです。歩み寄りもせずに、勝手に「日本人英語」とやらを発信したところで、コミュニケーションが成立しないのは目に見えています。

　とはいえ、筆者は「日本人英語」を全面的に退けようとするものではありません。むしろ「日本人英語」というものをもっと積極的に特徴づけたらいいとさえ考えています。

つうじることが大事

　しかし、「日本人英語でかまわない」というときの「日本人英語」とは、コミュニケーションが成立するということが大前提になります。「受信」は考慮に入れず、「発信」のみに目を向けて「日本人英語」を語るの

第3章　コミュニケーション英語のために　095

は、コミュニケーションのあり方を無視した一方的な考えだと言わざるをえません。

　アジアを見ても、インド英語、フィリピン英語、シンガポール英語（Singlish）など、さまざまな「英語たち」（Englishes）が存在しますが、彼らは一方的に自分たちの英語を発信しているのではありません。彼らには、英語の音を聞き取る耳があり、言わんとしていることを伝えられる口唇があります。だからこそ、彼らの英語は"英語たち"の一形態として広く世界で認知されているのです。

　相手につうじる英語であること。この点こそが「日本人英語」が容認される唯一の根拠です。もちろんその許容範囲は、発音のみならず、文法、語彙にも及びます。

　もちろん、つうじる英語ならば、英語を母語としている人たちは、日本人の"小さなミス"を大目に見なければいけません。わたしたち日本人は多くの時間と労力を費やして英語を学んでいるのですから。

　英語母語話者たちが「夢」と「有名」を、「地図」と「チーズ」を、「病院」と「美容院」を、「ちょっとどいて」と「ちょっと抱いて」を、「毛皮らしい」と「けがらわしい」の発音がきちんとできなくても、わたしたち日本人は彼らの日本語を「チャーミングだね」と大目に見ているわけですから。

▶「日本人英語」が容認されるには、それが「つうじる
　英語」である必要がある。

24 難敵は「内気さ」

恥をかくことが上達への近道

「羞恥心」による学習阻害

　日本人の「英会話学習」が大衆レヴェルで始まったのは、第二次世界大戦が終わってからのことです。

　敗戦直後に出版された『日米会話手帳』（1945年）は400万部の大ベストセラーになり、翌1946年には、「カムカム・イングリッシュ」で有名な平川唯一氏のＮＨＫ『英語会話』のラジオ放送が大歓迎のうちに開始されました。以後、「英会話ブーム」はたびたび起こり、今日に至っているというしだいです。

　これだけ長期にわたって「英会話ブーム」が沸き起こると、どのような人が英語を話せるようになるのか、またどんな人がなかなか話せるようにならないのか、徐々にわかってきました。

　ハンガリーの女性通訳者で、18カ国語以上を使う多言語使用者（polyglot）のカトー・ロンブ氏は、外国語学習者を広く見渡して、外国語の習得は、次のように測定されうると発表しました（『わたしの外国語学習法』ちくま学芸文庫）。

$$\frac{消費された時間 + 意　欲}{羞　恥　心} = 結　果$$

第3章　コミュニケーション英語のために　097

彼女は、意欲をもって長時間におよんで学習しても、羞恥心があると、誤りを犯すことを恐れてしまい、それが結果的に外国語習得を阻害する、と分析しました。

　このことはそっくり日本人にもあてはまることのようで、同時通訳者の小松達也氏は以下のようにあらわしました。

$$\frac{意 欲 \times 時 間}{羞 恥 心} = 成 果$$

　「（消費された）時間」と「意欲」が重要な要素として挙げられていることにも興味をそそられますが、やはりなんといっても興味深いのは、否定的要素を示す尺度、すなわち不利係数として、両者とも「羞恥心」を据えているということです。

◎ If you have a passive attitude, you'll have difficulty learning a foreign language.
　（消極的な姿勢でいると、なかなか外国語は身につかない）

「内気の壁」を破れ

　とりわけ日本人の場合、外国語の上達は「内気の壁」（shyness barrier）をいかに克服できるかにかかっていると言ってもよさそうです。

　じっさい、うっかりヘタなことを口にすると恥をかくのではないか、と気にしている学習者がけっこういます。

恥をかくのが好きな人なんてどこにもいません。しかし、恥をかかずに英語がうまくなった人もまたひとりもいないのです。「英語の達人」と言われる人でさえ、かならず過去に英語で恥をかいた経験をもっています。

　外国語学習においては、「恥をかくことが上達への近道」です。

　まず、その第一歩は、知ったかぶりをしないということ。相手の言うことがわからなかったら、ちゃんと聞き返しましょう。

◎ Could you repeat that?
　（もう一度くりかえしてくれませんか？）
◎ I'm sorry, but I don't understand.
　（ごめんなさい。わかりません）

　いくら恥をかいたところで、それをあげつらってあざ笑う人は誰もいません。うんざりした顔で、Never mind!（もういい！）と言われるくらいです。

　外国語がしゃべれるようになるかどうかは、能力（aptitude）よりも心構え（attitude）に大きく左右されます。恥ずかしがらずに、どんどんしゃべってみましょう。

▶「内気の壁」を克服しよう。
▶「恥をかくことが上達への近道」である。

第3章　コミュニケーション英語のために　099

25 「沈黙は金なり」?

日本人の美徳はまったく理解されない

「おとなしい人」は相手にされない

　日本はなんだかんだいっても均質社会です。そうした社会では、以心伝心、無言のうちに言いたいことがわかってもらえると思い込みがちで、いちいち自分の考えを言葉で説明して相手を説得したり、わかりきったことをくどくどと確認する必要がありません。

　また、「沈黙は金なり」、「巧言令色すくなし仁」(論語)、「口は災いのもと」、「目は口ほどにものをいう」、「もの言へばくちびる寒し秋の風」(芭蕉)などの箴言に見られるように、日本では意見をズバズバと述べることを積極的に評価しません。

　とくに男性の場合、無口なのが美徳とされてきた伝統があるため、「べらべらとしゃべる男は軽佻浮薄」とか「おしゃべりな男は信用できない」という社会通念がいまもって根づよくあり、「口数の少ない好感のもてる男性」などという褒め言葉をいまだに耳にします。「出る杭は打たれる」のを心配してか、親たちもまた、目立たないでいることをよしとする人生訓を子どもに与えています。

　しかし、ひとたび国境を越えれば、こうした日本人の美徳はまったく理解されません。

「おとなしい」は、「主張すべきことがない」であり、また「何を考えているかわからない」とみなされてしまいます。結果、「つまらない人間だ」とか、「秘密主義者」とのレッテルを貼られ、距離をおかれ、しだいに相手にされなくなっていきます。

　聞くところによると、「国際社会」では、会議中の日本人を評して、"3S" というそうです。smile（笑み）、silent（沈黙）、sleeping（居眠り）の頭文字をとって、そう呼ぶのだそうです。また国連では、日本人にしゃべらせるのと、しゃべっているインド人を黙らせるのと、どちらが難しいかというジョークがあるそうです。

沈黙は無能である

　聖書の冒頭に、

◎ In the beginning was the Word, and the Word was with God, and the Word was God.

　（初めにことばあり。ことばは神とともにあり。ことばは神であった）

との一節がありますが、言葉は神が人間に与えてくれた恵みであるという認識を欧米の人たちはもっています。雄弁は美徳であり、沈黙は無能であると考える欧米社会の発想の根本がここにあるのです。

　とくにアメリカの場合は、自然発生的にできた国ではなく、人為的に形成された国であり、多種多様の人種や民族があつまった多民族社会ですから、言葉を尽くさな

ければ互いに理解しえない、沈黙していたのでは何もはじまらない、という前提があります。つまり、言葉に対する信頼感が日本人とはかけ離れているのです。

英語のことわざに、Silence is golden.（沈黙は金なり）がありますが、これは雄弁文化における「思慮深い沈黙」を指しているのであって、相手が察してくれることを期待して黙っているのを称（たた）えているのではありません。自分の意見を表明しなければならない場では、

◎ Silence is deadly.
（沈黙は致命的だ）

なのです。

話すことに臆病になると、聞き役にまわることが多くなり、誰からも興味をもたれなくなり、いつのまにか仲間はずれにされてしまいます。

どうして仲間はずれにされてしまうのでしょうか。

それは、聞き役にまわるということが、そもそもコミュニケーションのルールから逸脱した行為だからです。

コミュニケーションは、相手の意見も聞くが、自分の意見も言うというのがルールです。インプットしたらアウトプットする。それでなくては、コミュニケーションは成り立ちません。たとえそれが反対意見だとしても、堂々と述べることがコミュニケーションの掟なのです。

▶ おとなしい人は信用されない。
▶ 自分の意見は堂々と述べよう。

26 単語が出てこない！

日本語をそのまま置き換えてもダメ

「スルーする」は言い換える

　日本語をそのまま英単語に置き換えてもつうじないことがあります。

　たとえば、最近よく耳にする言葉のひとつに「スルーする」があります。「メールをしたけど、彼女にスルーされた」のように使っています。

　みなさんは、どんな動詞を用いて「スルーする」を言いあらわしますか。

　これを I sent a text, but she throughed it. と間違って英訳した人がいます。笑い話のようですが、実話です。

　「スルーする」の"スルー"は、through（〜を通り抜けて）からきているのですが、英語の"through"には動詞用法はありません。しかし、それを無視して日本人は、「通過して」→「そのままやりすごして」→「無視して」→「無視する」と解してしまったようです。

　というわけで、「スルーする」は、ignore（無視する）という動詞を使って言いあらわすのが適切です。

◎I sent a text, but she ignored it.
　（メールを送ったけど、彼女にスルーされた）

第3章　コミュニケーション英語のために　103

このように言えば、ちゃんと伝わります。
　"through" という単語に動詞用法がないことを知っていれば、「スルーする」の意味を考え、ほかの表現（この場合は「無視する」）に言い換えることができます。

意味をパラフレーズする習慣を

　どう表現したらいいのかわからない場合、伝えたい意味内容をかみくだいて、別の表現でパラフレーズする（paraphrase：わかりやすく言い換える）のだと自分に言い聞かせてください。
　たとえば、「ヤバい」はもはや日常生活の必須単語になりましたが、状況に応じて言い方を変える必要があります。
　「ヤバい！」は多くの場合、「困ったなあ！」とか「（状況が）まずい！」と言い換えられるので、

◎ That's not good.
　（まずいなあ）

　がぴったりであるように思われます。くだけた言い方をすれば、

◎ Oh, no!
　（ありえない！）
◎ Oh, my God!

（なんてこと！）

◎ Crap!
（クソ！）

などと言いあらわすこともできます。

「ヤバい」は、一般的に「具合の悪いさま」や「不都合な状況」を形容する言葉ですが、若者たちはこの「ヤバい」を、「おいしい」「素晴らしい」「かっこいい」などの意味で使うことがあるので、そのつど表現を変えないといけません。

◎ This ramen is awesome!
（このラーメン、ヤバい！）
◎ Don't you think Yoshiki's hair style is super cool?
（ヨシキのヘアスタイル、超ヤバくない？）

awesome（すごい）や cool（かっこいい）で言い換えられる「ヤバい」もあるのです。

「英語で話す」とは、日本語をそのまま英語に「置き換える」のではなく、状況を含んだ「意味をパラフレーズする」のだと思ってください。

▶「内容」をかみくだいて、「意味」を伝えてみよう。

第3章 コミュニケーション英語のために　105

27 わたしたちに語れること

日本について説明してみよう

素朴な質問に答えるのが難しい

　海外から多くの外国人が日本にやってくるようになりました。はじめて日本へ来た人たちは興味しんしん。好奇心で目を輝かせています。

◎ How do you say "good morning" in Japanese?
　（"Good morning" を日本語では何というのですか？）

　こんなふうにたずねられたら、みなさんはどんなふうに答えますか。

◎ That's *ohayo.* It sounds like "Ohio"!
　（「おはよう」です。〔アメリカの〕"オハイオ"のように聞こえるでしょ！）

　とっさにこんなふうに答えられたら上出来です。
　テクノロジー、カルチャー、国民性、慣習、マナーなど、日本はさまざまな分野で世界から注目されています。
　しかし、自分たちがやっていることのほとんどは当たり前のことなので、疑問に思ったりすることはありません。それだけに、外国人の投げかけてくる素朴な質問に

答えるのは難しいものです。

◎ Lots of Japanese people say "*itadakimasu*" before
　they eat. What does that mean?
　（食べ始める前に「いただきます」と言っている日本
　人がけっこういますが、あれはどういう意味なの？）

　英語には「いただきます」や「ごちそうさま」にあた
る決まり文句がないので、不思議に思うようです。
　それらの言いまわしには、食べ物に対する日本人の感
謝の気持ちがあらわれています。

◎ "*Itadakimasu*" is a humble expression that means
　"I'll receive blessings." It expresses gratitude for
　the food that you're about to eat.
　（「いただきます」というのは「恵みを頂戴します」と
　いう意味の控えめの表現で、これから食べようとして
　いるものに感謝の言葉を捧げているのです）

こんなふうに答えられたらいいですね。

◎ What do Japanese people say after they finish
　eating?
　（食事の最後に日本人は何と言っているのですか？）

　この質問に対しては、どう答えますか。黙ったまま笑
みを浮かべていては、あらぬ誤解を生むだけです。すぐ

第3章　コミュニケーション英語のために　107

に言葉を発してみましょう。

◎ We say, "*Gochisou-sama*." It's also an expression of gratitude for the meal. At restaurants you don't see very many people say "*itadakimasu*" or "*gochisou-sama*," but almost everyone says them at home.

（「ごちそうさま」と言っています。これも食事への感謝の表現です。レストランでは「いただきます」も「ごちそうさま」もあまり言う人を見かけないけど、家庭ではほとんどみんな言っています）

一目置かれる存在に

　外国人の抱く「ニッポンの不思議」に対して、シンプルな英語できちんと答えられるかどうかが日本人に問われています。

　あなたが与える印象は、活字で書かれたどんな説明よりもずっと鮮やかな日本のイメージをもたらします。そのことを忘れないでください。

　経験からいうのですが、日本のことを英語でちゃんと答えることができれば、間違いなくあなたは一目置かれる存在になります。逆に、日本のことを悪しざまにいったり、日本人であることに誇りをもてない人はひそかに軽蔑されているということもぜひ知っておいてください。

▶「日本」と「日本人」のことを英語で発信しよう。コミュニケーションの「信頼」はそこから生まれる。

28 伝わる「発音」

聞いてわかれば、カナ発音でもOK

学校の発音指導は不十分

どんな言語にも音声があります。

文字をもたない言語はたくさんあっても、音声をもたない言語はありません。

音声は言語の主体です。しかし、日本の学習者はいまも英語の発音が得意ではありません。調べてみると、原因はどうやら英語教員の指導に問題があるようです。

言語にはさまざまなルールがありますが、発音（音声）にも言語ごとのルールがあります。ネイティヴであっても、フォニックス（phonics）と呼ばれる授業で、綴り字と発音の関係を学んでいます。

しかし、日本における現行の英語教職課程では「英語音声学」が必修科目ではないため、履修しなくても中高の英語教員の免許を取得できてしまうのです。学校での発音指導が不十分なのもうなずけます。

ある調査では、約36パーセントの中学の先生が「発音指導に自信がない」と答えています。高校教員でもおよそ20パーセントにのぼります（小学校教員では67パーセントが「音声指導が難しい」と答えています）。

高度な英語力をもっているはずのそれら教員のなかにはＴＯＥＩＣのスコアが著しく低い者もいて、英語トレ

第3章 コミュニケーション英語のために 109

ーナーの千田潤一氏から「これは英語を教えるレベルで
はなく教わるレベルです。英語ができなくても飯が食え
る唯一の英語関係の仕事が中学高校の英語教員って、お
かしくないですか」（「朝日新聞」2010年9月2日）と手
厳しく批判されています。

英語の音を知ろう

　英語の発音は、楽器を弾いたりするのと同じく技能の
一種であり、トレーニングを積まなければ上達しませ
ん。

　そして、英語の音を知らないと聞きとることができま
せん。このことをまず忘れないでください。

　これは日本語でも同様です。母音を〔ぼおん〕と思い
込んでいたのでは、〔ぼいん〕と発音されても何のこと
かわからないでしょう。

　英語の音には、大別すると母音と子音の2つがありま
す。日本語にはアイウエオの5つの母音がありますが、
英語の母音は、「ア」と「オ」の中間音のような音など
をはじめとして10以上あります（20音素あるとも言わ
れています）。このことは、英語には日本語にない音が
たくさんあるということを意味します。

　そればかりか、個々の単語がきちんと発音できたとし
ても、位置によって音が消えたり、ほかの音に化けたり
するので、聞き取れないということがしばしば起こりま
す。

　次の表現は、ネイティヴの発音では、

・Can I ...?〔ケンィ〕
・Is he ...?〔イジィ〕
・Who do you ...?〔フルュ〕
・What does he ...?〔ワルジィ〕

と聞こえてきます。

　しかし、だからといって、わたしたち日本人がネイティヴのように発音しなければならないかというとそうではありません。ましてや、大人になってからネイティヴ流の発音を完璧に身につけるのは至難の技です。

　でも、耳はネイティヴの発音を知っておいたほうがいい。ネイティヴのように発音できなくても、耳で聞いてわかればいいのです。少しばかりカナ発音になったからといって気にすることはありません。

　じっさいネイティヴたちは、日本人のカナ発音を「上品」で「かわいい」と言います。なかには、「貴族的」であり、それゆえに「美しい」とまで書いているアメリカ人もいます。

　とはいえ、すべてがカナ発音になってしまうと、相手に伝わらない可能性が高いので、あくまでカナ発音が許容されるのは全体の一部にすぎないと考えてください。

▶ 発音にはルールがあり、英語には日本語にない音があることをまず意識しよう。

第3章　コミュニケーション英語のために　111

29 日本人に共通する発音の間違い

苦手な音をまずは把握しよう

「音を目で学ぼうとした」ことの間違い

ふだん見慣れている簡単な単語であっても、耳で聞くとまったく聞き取れないということがよくあります。

どうしてでしょう。

発音に関して言えば、旧来の英語教育は大きな過ちをこれまで犯してきました。

それは、「音を目で学ぼうとした」ことです。

本来、音は耳で覚えるべきものなのに、文字やイラストから英語の音を習得しようとしたのです。顔面を切断したグロテスクなイラストを眺め、舌の位置がどうのこうのという説明文を読む訓練（？）を数十年にわたってやってきました。音声教材がないばかりか、先生も自分の発音に自信がなかった時代の話です。

しかし、ＣＤやＤＶＤの普及により、英語の音にたやすくアプローチできるようになりました。なかでもＤＶＤによる教則本は著しい効果をあげるものとして高く評価されています。

ＤＶＤつきの本は、口や舌の動きがちゃんと確認できるので、発音が不得意な人でも、わずか10日間ほどで基本の「音」を聞き分けることができます。

日本人の苦手な発音

　単語の発音に関して、日本人が苦手としているのは以下の5つです（じっさいの音で学ぶのが最良ですが、便宜上、文字で説明します）。

1.　子音と母音

　日本語は「ん」と「っ」を除けば、「か」であれ、「ぐ」であれ、「ぱ」であれ、母音を含みますが、英語は子音が連続するという特徴があります。

　さらにいうと、日本語では音節の最後はたいてい母音ですが、英語ではむしろ子音で終わることのほうがふつうです。

　たとえば、"spring" は〔sprín〕なのに、日本人は母音をつけて〔su-pu-rin-gu〕とやってしまうのです。

　とくに子音で終わる場合（なかでも、語末のp/t/k/b/d/g の6つ）は、ほとんど発音しないほど弱くなるということを覚えておいてください。

2.　語末の〈l〉

　日本人の場合、"feel" を〔フィール〕、"will" を〔ウィル〕、still を〔スティル〕と母音を含んだ〔ル〕で発音してしまいます。ネイティヴ・スピーカーはこれを〔フィーゥ〕、〔ウィゥ〕、〔スティゥ〕と発音しています。語末の〈l〉は小さな〔ゥ〕で代用してみましょう。

3.　〈r〉と〈l〉

　〈r〉は小さな〔ゥ〕をだすつもりで発音すると、かならず正しい音になります。"right" は〔(ゥ)ライt〕

第3章　コミュニケーション英語のために　113

とやるのです。〈w〉の音をだすように、口をとがらせて「ゥ」とやるのがコツです。

〈l〉は、「ぴっちぴっち、ちゃっぷちゃっぷ、ランランラン」の "ラ" の舌の位置が〈l〉だと覚えて（舌の先端が上の前歯の裏についています）、小さな〔ヌ〕を出すつもりで発音すればよいでしょう。たとえば light は〔(ヌ) ライ t〕とやるのです。

4. 〈th〉

舌を平べったくして、舌先を軽く噛んで「サシスセソ」と言ってみましょう。慣れてきたら、舌を前歯の裏にあてて音を出してみましょう。それが〈th〉の音です。

5. 〈ʃ〉と〈s〉

〈ʃ〉と〈s〉の区別はとても重要です。以下、ごらんください。

she〔シー〕	c / see / sea〔スィー〕
sheet〔シー t〕	seat〔スィー t〕
ship〔シッ p〕	sip〔スィッ p〕
shit〔シッ t〕	sit〔スィッ t〕

▶ 苦手とする発音を意識することで、正しい「英語の音」をつかまえよう。

30 英語の音は変化する?

韻律に着目してトレーニングを

強調やリエゾン

みなさんは "can" をどう発音しますか。

おそらく〔キャン〕と読んだことでしょう。

では、次の英文に含まれる "can" と "can't" はどう発音しますか。

◎ I can speak English, but I can't speak Spanish.
（英語は話せますが、スペイン語は話せません）

最初が〔キャン〕で、後ろが〔キャント〕と発音する人が多いのではないでしょうか。

しかし、ネイティヴの発音に耳をかたむけると、最初が〔クン〕で、後ろが〔キャーン〕と聞こえてきます。

強調する必要のない肯定形の "can" は弱く〔クン〕と発音され、強調する必要のある否定形は強く〔キャーン〕とか〔カーン〕と発音されるのです。"can't" の最後の子音〔t〕はほとんど聞こえてきません。

全体は〔アイクン・スピーキングリッシュ・バライ・キャーン・スピー（ク）・スパニッシュ〕のように聞こえてきます。強調する必要のない単語は弱く発音され、強調すべき単語は強く発音されるのです。

第3章 コミュニケーション英語のために　115

では、次の英文はどう聞こえてくると思いますか。

◎ Cut it out!
（やめて！）

　単語をひとつひとつ分けて発音すれば、それぞれ〔カット／イッt／アウt〕ですが、〔カレラウ〕と聞こえます。
　子音で終わる単語と母音で始まる単語が連続するとき、個別の発音では存在しなかった音が生まれることを「リエゾン」（liaison：連結発音）と言います。
　とくにアメリカ英語では、単語の途中や終わりにある "t" が母音で囲まれると、ラ（ダ）リルレロの音に近くなります。"water" は〔ウォーラ／ウォーダ〕になりShut up.（黙れ）は〔シャラッ／シャダッ〕のように聞こえます。これもリエゾンのひとつですが、とくに「フラップ」（flap：弾音）と呼んでいます。
　次の英文はどうでしょう。

◎ Could you repeat that?
（もう一度くりかえしていただけますか？）

　〔クッd・ユー〕とは聞こえてきません。
　"Could you ...?" のように〈y〉の直前に子音（この場合は〈d〉）がきたとき、音が同化（assimilation）を起こし、〔クッジュ〕のように発音されます。"Did you ...?" は〔ディジュ〕に、"Would you ...?" は〔ウッジ

116

ュ〕のように聞こえます。これらもリエゾンの一種です。

強弱をつかむ

　個々の単語の発音練習だけをやっていたのでは、こうしたことを身につけることができません。

　英語は、強弱のリズムを重視する言語です。強弱をつけることで音が変化し、文章の抑揚が生まれます。

　ふだん抑揚をつけず、淡々と話している日本人には違和感があるでしょうが、韻律（リズム、イントネーション）に着目してトレーニングしないと、相手の言うことが聞き取れなかったり、自分の言おうとしていることが伝わらなかったりします。

　ひと昔まえは、ネイティヴ・スピーカーによる音声や動画に接しようと思ったら、ＮＨＫの英語講座を見るほかありませんでしたが、いまはＣＤ、ＤＶＤ、インターネットなど、発音を練習するための教材がいろいろとそろっています。とりわけYouTubeのような動画共有サーヴィスには、飾らない普段着の英語であふれています。

　ぜひ音声教材を使って「英語の音」を体感してください（発音トレーニングに限って言えば、自分に適したサイトに出会えれば、留学をするよりもずっと効率的であるように思います）。

▶「英語の音」は音声教材を使って習得しよう。

第3章　コミュニケーション英語のために　117

31 シャワーのように英語を浴びる?

時間のムダです

リスニングのトレーニングは必要

「読めばわかるような簡単な英語も聞き取れない」と多くの人が嘆きます。筆者自身、「読む」「書く」「話す」「聞く」のうち、もっとも難しく感じられたのは「聞く」ことでした。

中学、高校時代は、読んで訳す「訳読」が中心だったため、英語の音を聞く機会がじつに少なかったのです。「リスニング」の授業さえありませんでした。

この本を読んでいるみなさんのなかにも、同じような環境で英語を学んだという人がけっこういるのではないでしょうか。

　　松本道弘　ぼくが英語を勉強して一番苦労したのは
　　　　　　　「聞くこと」ですね。
　　渡部昇一　それはまったく同感だな。
（渡部昇一・松本道弘『英語の学び方』ベストセラーズ）

「訳読」中心の授業を受けてきた英語の使い手たちは、「聞く」のがいちばん苦労したようです。

このことは何を意味しているのでしょうか。

英語が聞き取れないのは、「リスニングのトレーニン

グをやってこなかったからだ」と結論づけることができます。

逆を言えば、リスニングのトレーニングをやりさえすれば聞き取ることができるようになる、ということです。

「シャワーのように浴びる」はまったく役立たず

そこで、リスニングのトレーニングを始めようと思い立つのですが、いろいろなやり方があって、あれこれ試行錯誤しているうちに挫折してしまう——こんな人がけっこうたくさんいます。

私自身の経験を言うと、リスニングの初期段階においては、英語を「シャワーのように浴びる」という学習法がもっとも役立ちませんでした。

知り合いにすすめられて、FEN（現在のAFN）放送をかけっぱなしにしておいたのですが、これがまったく役に立ちませんでした。たまに聞き取れる表現がポツポツあるだけで、リスニング力がついているという実感は得られませんでした。英語の音に慣れることはできましたが、「聞きとれる」ようにはならなかったのです。

「音声に慣れること」と「音声内容を理解する」こととは、まったく別ものであるということを痛感したしだいです。

周りの人にもたずねてみたのですが、意味のわからない英語を「シャワーのように」浴びて、「聞き流す」だけで、「いつのまにかわかるようになった」などという話は、いまも英会話教材の宣伝以外では聞いたことがありません。海外で生活をしている子どもなど、一部の例

外を除けば、この方法はまったく効果が期待できません。

　それどころか、「ムダな時間だった」とぼやく人のほうが圧倒的に多い。じっさい、「シャワーのように浴びる」学習法は、耳が英語に慣れるどころか、別にほかのことをやっていればその邪魔になるだけで、どちらにとってもきわめて効率が悪いのです。

　だから最近では、「英語のシャワーを浴びないように」をリスニング指導の口ぐせにしています。意味のわかっている英文を意識的に聞かなければ、何回聞いても無意味なのです。

　現在、多くの英会話学校では「トータル・イマージョン」（英語浸し）と称したプログラムを採用していますが、初級者にどれほどの学習効果があるのか、私はかなり怪しいものだと思っています。

　英語を浴びるように聞くことを「多聴」（extensive listening）と呼びますが、これはある程度リスニングができるようになった人が取り組む学習法です。

　では、初級者はどのようなトレーニングをしたらいいのか。

　同じ音源をくりかえし聞き、それを音読すること。これに尽きます。

　なぜ、リスニング力をつけるために音読をするのか。

　それは、多くの場合、「発音できる音しか聞き取れない」からです。

▶初級者は英語のシャワーは浴びないように！
▶「音読」はリスニングにも役立つ。

32 「リスニング力」を伸ばすには

「精聴」と「音読」をくりかえす

「精聴」の勧め

　なんの苦労も努力もせずに英語が聞き取れるようになる——英会話教材を売り込むための、こうした宣伝文句が巷にあふれています。

　邪道です。というのは、そのような教材で「英語が聞き取れるようになった」という人に、ただのひとりも会ったことがないからです。

　では、リスニングの王道はどこにあるのか。

　リスニングに関して言うと、漫然と聞き流すことはせずに、集中して音源を何回も聞くという精聴（intensive listening / deep listening）をやり、そのあとそれを真似て声を出すトレーニングがもっとも効果があるようです。こうすることによって、「意味を聞く」ことができます。これは多くの英語の使い手たちが身をもって語っている、いわば"実証済み"の学習法です。

　「精聴」とは「音声にじっくり耳を傾ける」ことですが、同時にディクテーション（dictation：聞き取れた語句を紙に書き出すこと）をやることで、さらに英語の耳は鍛えられます。

　「ディクテーションなんて古くさい」とか「なんとなく意味がわかればそれでいいんじゃないの」と思われる

第3章　コミュニケーション英語のために　121

読者もいるかもしれませんが、それはディクテーション
をしたことのない人の思い込みです。

　ディクテーションをやれば、「音のつながり」（Link-
ing）に気づくようになるし、「音の強弱」への意識を高
めることができます。

　ディクテーション用の教材はたくさん出まわっていま
すが、まずは興味のあるもの、得意分野のもの、そうし
た英文に耳を傾けてみることを勧めます。

　話題にのぼっている事柄に関する基礎知識があれば、
背景事情もわかっているし、話の展開を予測しながら聞
くことができるからです。

《「精聴」の心得》

---

1. 教材はやさしいもの（興味のある分野の短文・
   30秒〜60秒ほど続く会話文）を選ぶ。
2. 音声をじっくり聞き、ディクテーションをやる
   （この段階では文字はまだ見ない）。
3. スクリプト（読みあげられた英文）を見ながら、
   音に対応する語句のチェックをする。
4. スクリプトを見ながら、くりかえし音読する。
5. ふたたび音声に耳を傾けながら、自分の「英語の
   音」をチェックする。

「音読」も効果的

　「精聴」と並んで、リスニングに役立つものは「音
読」です。意外に思われるかもしれませんが、リスニン

グ・トレーニングでは「声に出す」ことがたいへん効果的です。

　リスニング力とリーディング力のあいだには相関関係があり、英語をちゃんと読む力がつけば、聞く力も並行して向上します（発音に自信のない人は、スマートフォンの音声認識機能などを使って発音のチェックをしてみてはいかがでしょうか）。

　言うまでもないことですが、ちゃんと発音できなければ、英語の音は聞き取れません。使ったことのない音を聞き取ろうとしても、どだい無理なのです。

　このようにして、「精聴」と「音読」をくりかえしやっていると、リスニングに対してかなりの自信がつきます。

　そして、ひとつの音声教材をやり終えたら、次の教材へとすすむわけですが、私が勧めるのは、やり終えるたびに、その音源を保存しておくことです。3つほどの教材を保存したころには、あなたの耳はかなり鍛えられているはずです。

　こうして「精聴」と「音読」を交互にやっていると、興味のあるものをどんどん聞いてみたいという欲求がわいてきます。そのとき、あなたはもう「多聴」の扉のまえに立っているのです。

▶「精聴」と「音読」をやってから、「多聴」へすすもう。

第3章　コミュニケーション英語のために　123

33 「洋画」は英語学習に役立つか

いろいろと問題のある教材

"定番" の勉強法とされるけど

　映画やドラマを観ることをリスニング学習に取り入れている人たちがいます。あるビジネスパースンは『ウォール街』というアメリカ映画を飽きることなく見て、そのセリフを暗記したと言います。

　じっさい洋画を字幕なしで見ることは、英語勉強法の"定番"とされてきましたし、いまも「教材」として勧める人がいます。しかし、私は洋画を見ることを勧めたことは一度もありません。

　私自身、映画が大好きで、いまでも毎週のように見るのですが、英語以外のところ（たとえば文化や考え方など）に気をとられてしまうことが多いので、リスニング学習の目的で洋画を見ることはただの一度もありませんでした。

　『風と共に去りぬ』という映画の最後のセリフに、スカーレット・オハラの、

◎ After all, tomorrow is another day.

　があります。

　これは「明日は明日の風が吹く」と訳されることが多

いのですが、映画を最初から見ていくと、「風が吹く」ではどうもしっくりこない。文字どおり「明日は別の日」と訳したら……もっと滑稽に聞こえてしまいます。「生きていれば、いいこともあるわ」と訳してみたらどうか――こんなことを考えることはあります。

しかし、あくまでも映画を鑑賞しているのであって、セリフを「聞き取れた」とか「聞き取れなかった」を気にしながら見たことはありません。じっさい映画によっては、何を言っているのかわからないシーンもありますし、字幕（subtitles）を見ることもよくあります。

洋画は英語学習にほんとうに役立つのだろうか。

そんな疑念をいだいて、過日、洋画を英語学習のツールとして使っているという3人（全員がＴＯＥＩＣ満点保持者）に会って話を聞いてきました。

すると、彼らもまた、映画によっては半分も何を言っているのかわからないと言うのです。ほとんどの洋画は「難易度が高い」ので、「初級・中級者には勧められない」そうです。

では、なぜ洋画を英語学習に使っているのか。

「リスニング学習のために洋画を見るようになったのはＴＯＥＩＣで満点を取って以降のこと。それまでは使っていない」

「英語の力がついたと思ったから」

「映画と英語の両方が楽しめるから」

このような返答がかえってきました。

洋画による英語学習法は上級者向きだったのです。このことをぜひ頭に入れておいてください。

第3章　コミュニケーション英語のために　125

アニメやドラマのほうがよいかも

　洋画を英語学習に取り込むうえで、気をつけなくてはいけないこともあるようです。彼らのうちのひとりは、洋画が「生の英語」の宝庫という情報を鵜呑みにして"しゃれた表現"を覚えてしまったというのです。それは「ある西部劇に出てくるセリフで、いまでは誰も使わないような英語だった」そうです。

　ヤクザ映画で日本語を学んだ外国人が「おひかえなすって」を"How do you do?"と思い込んで、来日してから初対面の日本人に「おひかえなすって」と言ったという笑い話がありますが、歴史ものを見た日本人もこれと同じようなことをやらないとはかぎりません。

　時代や地域や状況によって言葉づかいは変わるのですから、映画から英語を仕入れるにはよほど注意をしなくてはいけません。

　そんなこともあってか、最近では、映画よりも、むしろアニメ（anime）や海外のＴＶドラマのほうが人気があるようです。

　調べてみると、アニメや海外ドラマのほうが洋画よりも役立っているという声が（とくに若者世代には）はるかに多かった。とくに日本のアニメ（英語版）の場合、セリフのニュアンスがわかったうえで聴いているので、英語の言いまわしに集中できるそうです。

▶洋画は初級者向きではない。
▶洋画よりも、「海外ＴＶドラマ」や「アニメ」のほうが役立つという声のほうが多い。

第 4 章
話すために必要なこと
「語彙」と「文法」を身につけよう

34 基本の3,000語すら覚えられない！

コア・ミーニングをつかむのが大切

単語が覚えられない理由

言いたい単語がすぐに出てこない。文法的にはわかっていても、語彙がとっさに頭に浮かばない。

そんなもどかしい思いをした経験がありませんか。

先立つ語彙がなければ、コミュニケーションは成立しません。そんなこともあって、コミュニケーションに必要なのは「なによりも語彙だ」と主張する研究者もいます。

◎ Without grammar very little can be conveyed, without vocabulary nothing can be conveyed.

（文法がないと、ほとんど伝わらない。語彙がないと、まったく伝わらない）

(David A. Wilkins, *Linguistics in Language Teaching*)

日常で用いられている単語は約3,000語。これで全体の95パーセントはカヴァーできると言われています。

しかし、この3,000語がなかなか覚えられない。

どうしてでしょうか。

ひとつには、単語集を漫然と眺めて、それでよしとしてしまっているからです。

目だけに頼っていてはだめです。声に出し、書いてみないと単語は覚えられません。

　英単語はテストの要素を加えると、記憶の定着が高まるという研究報告があります。単語集を購入するのであれば、テスト問題がついているものを選んでください（選択問題よりも記述問題のほうが効果的です）。

　覚えられないもうひとつの理由は、「ひとつの単語に異なる複数の意味があるから」です。それが単語学習を停滞させてしまっています。

単語の基本イメージはひとつ

　"work" という単語を眺めてみましょう。

　単語集を見ると、5つもの「異なった意味」を載せています。そこで英和辞書を引いてみると、「働く」「（機械が）動く」「（計画が）うまくいく」など、動詞では12の意味、名詞では11の意味を収載しています。

　しかし、"work" を「さまざまな意味をもつ動詞」として捉えているネイティヴ・スピーカーはいません。

　英語を母語にしている人にとって、"work" の基本イメージはひとつです。それは「主体（人・物）が本来の役割を果たそうとする」というイメージです。

　主語が労働者であれば、"work" は「働く」ですし、学生ならば「勉強する」、機械ならば「動く」、計画ならば「うまくいく」、薬ならば「効く」という具合なのです。要するに、主語と、しかるべき役割を結びつけてイメージしているのです。

　また、名詞の "work" は「仕事」や「作品」などの

第4章　話すために必要なこと　129

意味をもちますが、本来の役割を果たす活動（＝仕事）、役割がもたらした成果や産物（＝作品）と考えてみれば納得がいくでしょう。

単語に関しては、コア・ミーニング（core meaning：中核的意味）をつかむことが大事です。コア・ミーニングを覚えることによって、学習効率もまた高めることができます。

従来の単語集や英和辞典の多くは、単語を用法で分類し、それぞれに日本語訳をつけることで意味を区別していました。しかし、このやり方では、ひとつの単語に対して複数の日本語訳が提示されることになり、結果的に単語の全体像がぼやけ、読者に機械的な暗記を強いることになってしまいました。

しかし近年、コア・ミーニングに注目があつまるようになり、単語の中核的意味と意味展開の連続性に関する研究がすすみました。

その意味において、画期的な役割を果たしたのは『Eゲイト英和辞典』『エクスプレスEゲイト英和辞典』（いずれも田中茂範・武田修一・川出才紀編／ベネッセコーポレーション）でした。コア・ミーニングはもちろんのこと、視覚的に見やすい図を数多く載せて、教育的な工夫を数多くほどこしています。

▶ コア・ミーニングを探って、基本単語をしっかり定着させよう。

35 目にした単語はすべて覚える?

自分に必要な単語をしっかり習得しよう

「ニーズのある単語」を覚えよう

「暗記は不要」と謳っている英会話の教材があります。

筆者のまわりには数多くの英語の使い手がいますが、「暗記は必要ない」と公言している人にはこれまで会ったことがありません。

暗記は絶対に必要です。単語や熟語の暗記があってはじめて文の理解が可能になります。暗記をおろそかにすると、かならず伸び悩みます。

さらに言えば、単語や熟語は、覚えれば覚えるほど、覚えやすくなるものです。

言いたいことを英語で伝えられるようになるためには、豊富な語彙が必要です。「知識と知恵がつまった中身のあることをきちんと話す」ことを可能にしてくれる土台となるのは、やはり語彙なのです。どんなに熱意と情熱があっても、語彙が不足していれば、会話は空まわりするだけです。

しかし、単語がなかなか身につかない人がいます。

それは、多くの場合、自分にとって必要のない単語を覚えようとしているからです。

受験生には入試で出題される英単語があるように、「自前の英語」を目指すあなたには、自分が覚えなくて

第4章　話すために必要なこと　131

はならない英単語、すなわち「興味をもっているトピックに関する英単語」があるはずです。

力を入れるべきは、それらの「ニーズのある単語」です。ですから、TOEIC対策の上級者用単語集はあまり利用価値がありません。

とはいえ、最低限の「話す・聞く・書く・読む」ができるようになるには、持ち駒として基本3,000語はどうしても覚える必要があります（ちなみに、日本人が習得する語彙数は、中学卒業時で1,000〜1,200、高校2年時で2,000〜2,500、大学受験期で3,000〜4,000ぐらいだと言われています）。

基本の3,000語に、自分が話したいトピックの関連語句を加えればもうそれで十分です。

あらゆる分野のことを高度なレヴェルで話す必要などないし、かりに話せるようになったとしても、使う機会はまずないというのが現実です。まずは、「伝えたい内容」に欠かすことのできない単語をしっかり暗記しましょう。

必要な単語は人それぞれ

ちなみに、私は「日本の英語教育」や「英米のポピュラー音楽」について語ることが多く、「地球環境」や「宇宙・天文」に関する単語は、予備校の講義でしか口にしたことがありません。

ふと、シカゴで知り合った日本人女性のことをいま思い出しました。

◎My coffee is lukewarm. Could I have a hot cup?
　（コーヒーが冷めているので、熱いのを持って来てい
　ただけませんか？）

　lukewarm（なまぬるい）という形容詞は英会話の本
などでよく見かけますが、彼女はこの単語を知りません
でした。
　彼女は仕事のことなら、英語できちんとプレゼンテー
ションができるのですが、"lukewarm" という単語は
彼女にとって必要なかったのです。必要でなかったら、
放っておけばいい。それでいいのです（とはいえ、経験
によって知った単語は覚えやすいようで、彼女は即座に
メモしていました）。
　こんなこともありました。イギリス人の友人と大阪の
あるレストランに入ったときのこと。そこでワイン・ソ
ムリエをやっている女性が、赤ワインは心臓病を防いで
くれるという話を英語で始めたのです。会話は弾み、話
題はイギリスの医療制度の話に及びました。すると彼女
は deduction（控除）や endoscopy（内視鏡）などの
単語を口にするではありませんか。聞けば、イギリス留
学中に病気で入院し、そのときにそれらの単語を覚えた
そうです。ワインだけでなく、医療の知識も「ニーズ」
がそうさせたのです。

▶あらゆる分野のことを高度なレヴェルで話す必要など
　ない。しかし、「自分が必要としている単語」はかな
　らず覚えなくてはならない。

第4章　話すために必要なこと　133

36 どうやって語彙を増やすか

4つのコツで「使いたい単語」を覚える

基本単語を習得したあとは

英単語は、身につければ効果てきめんです。

文法力やリスニング力を身につけるよりもはるかに短期間で身につくばかりか、コミュニケーションにおいて果たす効果はめざましいものがあります。とりわけ、トピックを限定して覚えれば、その効果は絶大なものとなります。

しかし、すでに3,000の基本単語を習得している人には、市販の単語集や英単語アプリはお勧めできません。そこにある単語は、あなたが切実に欲している単語ばかりではないからです。試験用の単語集は「自前の英語」を身につけようとしている人にはふさわしくありません。

あなたは、これから使うであろう単語、使いたい単語だけを覚えればよいのです。

単語力をつけるための4カ条

1. 興味のあるトピックの単語を「オリジナル単語帳」にまとめておく。

興味のある分野のオリジナル単語帳（用例集）をつくりましょう。パソコンでデータベースをつくっている人

もいますが、「記憶に残りやすい」という理由で、あえて手書きで作成している人もいます（ノートはバッグやポケットに入れて持ち運べるようなものがいいでしょう）。

　手始めに、関心のある本や記事を「精読」（intensive reading）します。たとえば、あなたが「回転寿司」に興味があれば、「回転寿司店」（a revolving sushi restaurant）、「ベルトコンベア」（the conveyor belt）などの表現を「回転寿司を説明するキイワード」に収めておくのです。このようにしておけば、確実に語彙を取り込むことができます。

2. 単語は「意味・発音・アクセント・連語」のセットで覚える。

　あなたが身につけたい英語は、試験に合格するための英語ではなく、「コミュニケーションのための英語」です。そのためには、自分の伝えたい単語をきちんと発信でき、相手の言ったことがちゃんと受信できないといけません。単語の意味はもちろんのこと、発音やアクセントにも注意しなければなりません。

　とくに強調したいのは、単語のみで記憶するよりも、「生きた単語」の姿である、単語と単語の組み合わせ（コロケーション）で覚えたほうが使い途があるということです。たとえば、plate（皿）とだけ暗記するのではなく、stack plates（皿を積み重ねる）のようにかたまり（句や文）で書いておくのです。

〔例〕 ① plate〔pléit〕
　　　② 皿

③ stack plates「皿を積み重ねる」

3. つねに持ち歩き、すき間の時間で覚える。

　単語を覚えるために、わざわざ机に向かう必要はありません。通勤電車のなか、お茶の時間、病院での待ち時間などを利用しましょう。単語学習はロジックを積み重ねていくものではなく、それぞれが単独のピース（もしくはピースのかたまり）なので、すき間の時間を使ったほうがむしろはかどります。

4. クイック・レスポンスをしつこくくりかえす。

　先ほどの「回転寿司」を例にとりますと、「回転寿司店」「ベルトコンベア」「皿」「積み重ねる」という日本語を見て、間髪を入れずに英語表現が出てくるようにトレーニングをします。

　逆もやってみましょう。a revolving sushi restaurant / the conveyor belt / stack plates などを目にしたら、すばやくその意味を言ってみる（あるいは意味内容をイメージしてみる）のです。語句を見たらクイック・レスポンス（即時に反応すること）をする。その反復練習をすることによって、単語はあなたの手足となってくれます。

▶ オリジナル単語帳をつくろう。
▶ 単語学習は、すきま時間を使って、クイック・レスポンスをくりかえそう。

37 単語の効率的な覚え方

おおまかに「語源」を知る

鷗外も漱石も「語源」に注目した

　みなさんが英語を学ぶときに苦労することのひとつは、単語がなかなか覚えられないということではないでしょうか。

　英語を母語とする人たちは、幼いころから英語に囲まれて育ち、べつだん意識的に努力することなく基本単語を身につけていきます。

　しかし、外国語として英語を学ぶ私たちの場合はそうではありません。丹念に辞書を引き、単語集をつくったりしなければなりません。とうぜん、手間と時間がかかります。

　効率のよい覚え方はないかといえば、「ある」と断言している人たちがいます。それは単語の成り立ちに関心をもっている人たちです。「語源」に注目することで、単語は簡単に覚えられると彼らは主張しています。

　「単語をひとつひとつ覚えるのに苦労しているのに、どうして語源までもやらなくてはならないのか」と考えるのは早とちりというものです。もう少し、読みすすめてみてください。

　明治時代の文豪として名高い森鷗外（ドイツ語）も夏目漱石（英語）も「語源」に注目しました。

第4章　話すために必要なこと　137

自伝的小説『ヰタ・セクスアリス』（ウィタ・セクス
アリス：性欲的生活）のなかで、鷗外は「人が術語（単
語）が覚えにくくて困るというと、ぼくはおかしくてた
まらない」と綴っています。そして、「なぜ語源を調べ
ずに、器械的に覚えようとするのだといいたくなる」と
告白しています。
　漱石もまた「語源」を重視したことは、教え子のひと
りが「プレフィックス、サフィックスを始終やかましく
いふので、夏目さんのプレフィックス、サフィックスと
云って吾々の間に通っていた」（『夏目漱石』赤木桁平）
と回想していることからもうかがえます。プレフィック
ス（prefix）というのは「接頭辞」、サフィックス（suf-
fix）というのは「接尾辞」のことで、それらは漢字にた
とえれば部首のようなものです。

「接頭辞」「接尾辞」でここまでわかる

　たとえば、英語では、mono- は「1」、bi- が「2」、
tri- が「3」であることを意味します。

- mono-　monologue「独白（劇）」
　　　　　monorail「モノレール」
　　　　　monopoly「独占（権）」
- bi-　　　bicycle「自転車・二輪車」
　　　　　bilingual「2カ国語を話す」
　　　　　bimonthly「2カ月に一度の」
- tri-　　　trio「3人組・トリオ」
　　　　　triangle「三角形」

triple「3つから成る」

　このようにして単語を分解していけば、おおよその意味がわかるのです。
　では、次をごらんください。すべて-pose で終わっています。

・expose　　・propose　　・impose
・compose　・oppose

　語源の知識がある人は、語根である "pose" の意味は「置く」であると知っており、それと接頭辞を組み合わせて単語全体の意味を類推しようとします。

・ex（外へ）＋ pose（置く）→「さらす・暴露する」
・pro（前へ）＋ pose（置く）→「提案する」
・im（中へ）＋ pose（置く）→「押しつける」
・com（一緒に）＋ pose（置く）→「構成する」
・op（面と向かって）＋ pose（置く）→「反対する」

　じっさい、語源を知ることで、英単語が覚えやすくなるのは事実ですが、例外もけっこうあるので、こまかくやる必要はありません。おおまかな語源知識を身につければ、それで十分です。

▶おおまかに「語源を知る」ことは、単語を増やすための近道である。

第4章　話すために必要なこと　139

38「接頭辞」と「接尾辞」

基本だけ押さえておこう

語源辞典は読まなくていい

　前項で、語源に注目することで、単語の意味が類推できることを述べました。

　しかし、だからといって、いきなり語源辞典を読み始めることはお勧めしません。なぜかというと、例外がたくさんあるし、わからない単語に出くわしたとき、接頭辞や接尾辞ばかりに目や耳がいってしまい、そこで思考が途切れてしまうからです。

代表的なものを覚えよう

　とはいえ、知っておいたほうがいいものもあるので、ここでは代表的な接頭辞と接尾辞を挙げておきましょう。いずれも覚えておくと便利なものばかりです。

《代表的な接頭辞》
◆ re-〈ふたたび・新たに・くりかえして〉をあらわす。
・recycle（再利用する）
・react（反応する）
・regain（取り戻す）
◆ en- / em-〈（ある状態）にする〉をあらわす（後ろにくる文字が b / p / m の場合は em- になります）。

- enable（可能にする）
- encourage（勇気づける）
- embody（具体化する）

◆ dis- 〈非・逆・反対・除去〉をあらわす。
- appear（現われる）– disappear（消える）
- close（閉ざす）– disclose（暴く）
- cover（覆う）– discover（覆いを取る→発見する）

◆ un- / in- / im- / ir- 〈非・逆・反対・欠如〉をあらわす（後ろにくる文字が b / p / m の場合は im-、r で始まる場合は ir- になります）
- happy（幸福な）– unhappy（不幸な）
- dependent（頼って）– independent（独立して）
- possible（可能な）– impossible（不可能な）
- mature（成熟した）– immature（未熟な）
- regular（規則的な）– irregular（変則的な）

《代表的な接尾辞》
◆ -able / -ible / -ble 〈～できる〉をあらわす。
- available（利用できる）
- credible（信頼できる）
- washable（洗濯できる）

◆ -ful 〈～に満ちた〉をあらわす。
- careful（注意深い）
- dreadful（恐ろしい）
- eventful（波乱に富んだ）

◆ -less 〈～のない〉をあらわす。
- careless（不注意な）

第4章 話すために必要なこと　141

・worthless（価値のない）

・reckless（向こう見ずの）

◆ -like 〈～のような〉をあらわす。

・childlike（子どものような）

・jellylike（ゼリーのような）

・starlike（星のような）

◆ -ism 〈～主義〉をあらわす。

・optimism（楽観主義）

・capitalism（資本主義）

・egoism（利己主義）

◆ -fy / -ify 〈～化する・～させる〉をあらわす。

・justify（正当化する）

・simplify（単純化する）

・satisfy（満足させる）

◆ -ize / -ise 〈英〉〈～のようにする〉をあらわす。

・modernize（近代化する）

・organize（組織化する）

・specialize（専門化する）

　どうでしたか。わずかこれぐらい覚えるだけでも、かなりの数の単語の意味を類推できるようになります。

▶「接頭辞」と「接尾辞」は、基本を覚えるだけでいい。

39 「文法」は必要か

避けてとおることはできない

文法不要論者のウソ

　日本人にとって、英語は母語ではなく、母語を習得したあとに学ぶ外国語です。ですから、英語の文法を学ぶことはきわめて有効な学習法であり、読み書きだけでなく、話すことや聞くことにも役立つものです。

　ところが、「文法をやるから、英語がしゃべれなくなる」と反論する人たちがいます。こうした文法不要論者の多くは「赤ちゃんは文法を考えずに、言語を身につけている」を主張の論拠としています。

　なるほど、赤ちゃんは耳から入った言葉を無心になって口にします。そして、やがてそれは短文として結実し、さらには修飾語句がそれにくっついて、3歳になるころには大人と簡単な会話ができるようになります。

　しかし、これをもって「赤ちゃんは文法を知らずに言葉を覚える」ということにはなりません。というのは、赤ちゃんは無自覚のうちに文法を学習しているからです。

　生まれてから1年ほどすると「ママ」とか「パパ」という言葉を覚え、それから数年かけて、願望や身のまわりで起こった出来事を伝えることができるようになります。その間、「きのうね、動物園へ行くよ」などと言ったら、親から「ちがうちがう。そういうときは、きの

第4章　話すために必要なこと　143

う、動物園へ行ったよ、って言うのよ」というような
"文法指導"を受けて育ちます。

　赤ちゃんは、知らず知らずのうちに文法を学んでいる
のです。ただ、文法用語を用いないので、文法を学習し
ていないように見えるだけなのです。

文法学習はどうしても必要

　外国語を学習する際には、すでに獲得している母語を
もとにして外国語のしくみを理解する必要があります
（これは外国語学習理論の常識です）。そのためには意図
的な文法学習がどうしても必要です。

　かつて、私は『英文法の魅力』（中公新書）という小
さな本のなかで次のようなことを書いたことがあります。

　　この節、「英会話」の人気に押され、英文法は不当
　に軽視されています。それどころか、文法をやるから
　英語ができないのだという声さえ聞こえてきます。

　　果たして、ほんとうにそうでしょうか。

　　私の経験をいえば、文法をやったことが英語の基礎
　をつくるうえでもっとも役立ちました。文法を学んだ
　からこそ、読み書きだけでなく、話すことや聞くこと
　につなげることができたのだと確信しています。

　　文法は言語より以前に存在していたものではありま
　せん。まず言語があって、それを整理したり説明した
　りするために、あとからつくられたのです。わざと難
　解にして学習者を混乱させてやろうという目論みでつ
　くられたのでもありません。文法は言語事実をわかり

やすく説明してくれるものであり、その習得にかかる手間を軽減してくれるものなのです。

わかりづらい文法用語を覚えることが「英会話」に寄与しないことは論を俟ちませんが、内容のある話をしようと思ったら、体系的な文法知識がどうしても必要です。

会話にあってさえ、文章を組み立てる力を支えているのは文法の知識なのです。

文法を擁護するこの拙文に、賛同の意をあらわしてくれた人がたくさんいたのにはずいぶん励まされました。群馬大学や学習院大学院の入試問題にもこの一部が採用されましたが、それも文法軽視の流れに歯止めをかけたいと思う気持ちのあらわれと受けとっています。

文法は役立つ。これはもう間違いがありません。

文法力のある人は、話す必要が生じたときに短期間である程度の会話力を確実に身につけますが、文法をおろそかにした学生は途中で頭打ちになり、まとまった内容のある話がいっこうにできるようになりません。私には教え子がたくさんいますが、英語で自分の考えをきちんと伝えられ、相手の言うことをちゃんと理解できるのは、例外なく文法をきちんと習得した学生です。コミュニケーションは文法にのっとった英文のやりとりによって成り立っている、ということを忘れてはいけません。

▶外国語として英語を学ぶ日本人にとって、「英文法」は避けてとおることはできない。

第4章 話すために必要なこと　145

40 何のための文法か

「文法のための文法」ではダメ

文法的に正しい英文は好ましい

「文法にのっとってしゃべるより、ブロークンの英語のほうがつうじるよ」などと無邪気に公言する人がいます。また、これに拍車をかける教育者もいます。文法はコミュニケーション英語の足枷になっているというのです。

あげく、文法があたかもコミュニケーションを阻害する悪者であり、「文法をやるから英語が話せなくなる。あんなのは生きた英語ではない」とうそぶく人までいます。同時通訳者・松本道弘氏が「文法」について次のようなことを語っています。

　　文法は一度はかならずきちんとやっておくべきだと思います。いつまでも、文法、文法とこだわる必要はない。

　　しかし、一度は通らねばならない道、それが文法だと思う。文法を基礎にしていない人は、ある程度まではどうにかやれるが、途中で頭打ちになる、英語が伸びない。

　　それに文法は、日本人と英米人との発想の違いを学ぶのに大いに関係があるものだから、あまり軽く考えすぎない方がいい。

（同時通訳者・西山千氏との対談で）

　同感です。さらにつけ加えれば、文法的に正しい英文で話すとひじょうに好感をもたれます。文法的に間違った英文ばかりを発すると、知性や品格まで疑われ、浅薄な人間だとみなされます。

　文法的に誤った文をぞんざいな口調で言われると、不快感をもつのはべつに日本人にかぎったことではありません。英語国民であっても同じです。

会話運用のために学習を

　同時通訳者で、日本人の英語教育のあり方を研究する鳥飼玖美子氏は以下のように述べています。

　難解な文法用語を覚えることがコミュニケーションに寄与しないことは論を待たないが、外国語で内容のある話をしようと思ったら、体系的な文法知識を応用することは当然である。複文を組み立てたり、仮定法を使ったりすることは日常レベルでもあるわけで、そういう際に、文章を作り出し組み立てる力を支えるのは基本的な文法・構文の知識である。

　　　　　　　（『TOEFL・TOEIC と日本人の英語力』）

　異論はありません。さらに言わせていただくと、英文法を学ぶことは、コミュニケーション英語を獲得するうえでも、時間的な効率がひじょうによいのです。

　私の見るところ、学習英文法は、いまのところ会話運

用能力の点においてすぐに効果が出るとは言えないものの、大きな潜在力を秘めています。文法力のある人は、話す必要が生じたときに、短期間で、ある程度の会話力を確実に身につけます。では、なぜそうした「即時的顕在性」は認められないのか。

それは、「話すためのトレーニング」をやってこなかったからです。日本では、文法学習と「話すためのトレーニング」を切り離して考える傾向が強く、「運用」のことを考えないで、文法にひとり歩きさせてきたのです。「文法学習」と「話すためのトレーニング」をセットでやれば、まっとうな英語が話せるようになるでしょう。

しかし、文法を学ぶことに問題がないわけではありません。文法を学ぶこと自体が自己目的化して、「文法のための文法」になってしまい、そこから抜けだせない（抜けだそうとはしない）教師がいます。

たとえば、どれだけ頭をひねっても5文型のなかに収まりきらない英文があるというのに深追いをやめず、自説をもって5文型に収めようとするのです（ちなみに5文型で英文のしくみがすべて解明されたことはこれまでありません）。それに付きしたがわなくてはならない学習者は災難に遭ったようなものです。

文法学習は、あくまで「運用」のためのものであり、「文法のための文法」であってはなりません。このことは学習者だけでなく、先生も肝に銘じておかなければなりません。

▶ 文法学習は「運用」のためのものである。

41 文法は徹底的にやったほうがいい?

英語は使いながら覚える

「どの程度までやるか」問題

近年の英語教育では、オーラル・コミュニケーションが重視され、文法は英語学習の片隅に追いやられてしまっています。文法中心の受験勉強では英語を使えるようにはならないという反省が、文法軽視の誤解を生んだのです。

結果、多くの大学で聞かれるのは「最近の学生は文法力が落ちている」という教員たちの声です。

むろん、読み書きの基礎力をちゃんと身につけている大学生もいます。そうした学生はたいてい、高校の方針で文法をきちんとやったか、塾や予備校でしっかり文法を学んだかのどちらかです。

文法力不足を嘆く声は、企業の側からも聞こえてきます。「メールもろくすっぽ書けない」社員がけっこういるというのです。長いこと日本の企業との取引をしている友人(カナダ人)は「文法ミスが多いメールを読んでいると、その人ばかりか、会社までも信用できなくなる。とくに若い人たちの文法ミスが多いね」とこぼしていましたが、ビジネス界における若い世代の文法力のなさはかなり深刻のようです。

文法に関して言うと、日本では極端に走る傾向があり

第4章 話すために必要なこと　149

ます。そのときどきの風潮によって、「とことんやる」か「まったくやらない」かのどちらかに傾斜してしまうのです。

問題は、文法を「やる」か「やらない」かではなく、「どの程度までやるか」なのです。

英文法の研究者や専門家になりたいというのであれば話は別ですが、やりすぎると、「文法のための文法」になってしまいます。そうなっては元も子もありません。

たしかに文法を学ぶことはコミュニケーションの英語に寄与しますが、文法の瑣末なことばかりに目がいってしまうと、いつのまにかコミュニケーション英語の現場から遠いところにいる自分に気づかされるはずです。

英語を学ぶ初期段階において、とくに是正されなければならないのは、完璧主義（perfectionism）と瑣末主義（particularism）です。

完璧を目指すことはよいことですし、細部に目を光らせることも悪いことではありません。しかしながら、とくに言語学習の初期段階においては、「完璧主義」と「瑣末主義」は上達を阻む見えない壁になっています。

間違ってもいいから、使いながら覚える

結果、多くの英語学習者は「使いながら覚える」ということをせずに、"完璧"になるまで話さないでいる態度を身につけてしまいました。体面を重んじるのか、一知半解の状態で英語を口にするのを恥とするような態度をとるようになってしまったのです。

◎ Try to learn English while using it.
　（英語を使いながら覚えるという態度を身につけよう）

　「できるようになってからしゃべります」というのは、「泳げるようになってからプールに入ります」と言っているようなものです。

　残念ながら、「できるようになってからしゃべります」という人はしゃべる日がまずやって来ないし、「しっかり準備してからTOEICを受けます」という人は永遠に受験しません。

　「使いながら覚える」というのは、すなわち「間違えながら覚える」ということです。ところが日本人は、この「間違える」ということをひどく怖がります。

　たぶんそれは学校教育における減点主義の"成果"なのでしょうが、そうした学校英語の厳格さというか、狭量さは是正されなくてはなりません。

　間違えることが、すなわち「ダメ」とレッテルを貼られることだと捉えている人もいます。こうした人は、話さないから話せなくなり、話せないからますます話さなくなる、という悪循環に入ってしまいがちです。

　間違えながら覚えていくのが英語学習だ、と自分に言い聞かせましょう。

▶「完璧主義」と「瑣末主義」がいけない。文法学習はほどほどに。

第４章　話すために必要なこと　151

42 先生も頭を抱える文法問題

瑣末なことを問うても意味がない

大学入試の難問

　大学入試では、文法や語法の誤りを指摘するという「誤文訂正」という形式の問題がありますが、いわゆる「こんな瑣末なことを問うて何になる」と思われるような難問がいまもって出題されています（これがまた「文法好き」を喜ばせる結果にもなっているのですが）。

　細かなことに気をとられ、肝心なことを見逃す人をからかって、

◎See, some people can't see the forest for the trees.

（ほら、木を見て森が見えない人がいるよ）

と言ったりしますが、いまだにそうした重箱の隅をつつくような問題を出す大学があり、暗然たる気持ちにさせられます。以下に掲げた早稲田大学（人間科学部）の入試問題をごらんください。

　Q：誤った英語表現を含んだ部分がある場合にはA〜D中の１つを、誤りがない場合にはEを選びなさい。

> Despite <u>the fact</u> it was <u>high season</u>,
>   A   B
> she <u>could</u> get <u>a reservation</u> at a hotel
>   C   D
> on the lake shore.   <u>NO ERROR</u>
>   E

　みなさんは何を解答として選びましたか。

　ちなみに英文の意味は「繁忙期だったという事実にもかかわらず、彼女は湖畔のホテルを予約することができた」です。

専門家が解いてみた

　気になるところがあったので、日本人英語教師（6人）と英語を母語とするネイティヴ・スピーカー（6人）に訊いてみました（計12人）。

　まずは日本人のグループ（予備校講師3人・大学教員2人、高校教師1人）の出した答えをお見せしましょう。

◆A－2人／C－2人／E－2人

　答えはバラバラでした。BとDはいませんでした。

　ネイティヴのグループ（大学教員3人・予備校講師2人、英会話スクール講師1人）は、次のとおりです。

◆A－2人／C－2人／E－2人

　日本人教師たちとまったく同じ結果でした。こちらもBとDはいません。

　Aを選んだ人たちは、「原則、同格の"that"は省略できない。口語では省略されることもあるが、書き言葉

第4章　話すために必要なこと　153

では省略しない」というのがその理由。

　Cを選んだグループは、習慣的に「〜することができた」の意味では "could" を使うことができるが、1回限りの行為について「〜することができた」は "was able to"、もしくは "managed to" を使う、を解答の根拠としました。

　Eを選んだグループは、「同格の "that" は省略することもある」からAは正しいとし、Cについては "Despite the fact it was high season" という明らかに過去を明示する副詞句があるのだから、"was able to" にする必要はなく、"could" でもいける、という理由を挙げました。

　裏話をしますと、2人のネイティヴ・スピーカーは最初、「AとCの2カ所が誤っている」ので、「問題自体がおかしい」との返答でした。

　難関大の入試が「ふるい落とすための試験」にならざるをえないとしても、あまりにもひどい問題です。少なくとも、英語教師たちの解答がバラバラになるような問題は出すべきではありません。

　こうした問題は、高校や予備校の現場の教師たちを困惑させるばかりか、英語の基本を学ぼうとする学生たちをいたずらに混乱に陥れるものです。行きすぎた文法問題は、もうやめにしないといけません。

▶答えがひとつに決まらない文法問題は何の役にも立たない。

43 どんな文法書がいいのか

自分のレヴェルに合ったものを使おう

文法書はわかりにくい?

　日本の英文法の基礎をつくった齋藤秀三郎（1866-1929）の後継者といえば山崎貞（1883-1930）です。

　山崎はその著書『自修英文典』（1913年／大正2年）のなかで「文法を知らずして文を作ろう、本を読もうというのは、舵なくして舟を進めようとするようなものである」と書いています。いまも通用する教えとして、胸に刻んでおきたいものだと思っています。

　しかし、英語のルールをわかりやすく説明するはずの文法書のなかには、「不定詞」「関係詞」などをはじめとする文法用語を所与のものとして提示することで、多くの英語難民をつくりだしてしまいました。

　英語が苦手な人たちは「そもそも文法用語がわからない」と嘆きます。しかし現在では、文法用語に頼らずとも文法現象をわかりやすく説明している手引き書がたくさんあります。

　学校英文法に挫折した人が「文法アレルギー」になる気持ちはわからないでもありません。また、そういう人たちは、文法を避けて、なんとか英語ができるようになる方途を模索しますが、残念ながら、文法を避けていてはいつまでたっても英語をものにすることはできませ

第4章 話すために必要なこと　155

ん。

　そのような「文法アレルギー」の人たちに言いたいのは、こまかな文法規則はさほど気にすることはないということです。英語学習の初期段階では「補助輪」のようなものだと思って、大まかに文法を学んでください。じっさい、コミュニケーションの英語で必要となるのは、「仮定法」や「分詞構文」を習う高校1～2年生までの文法知識です。

お勧めの文法書

　以下に、お勧めの文法書を紹介しましょう。

・初級者用

　レイモンド・マーフィー『マーフィーのケンブリッジ英文法（初級編）』（ケンブリッジ大学出版局）

　「文法用語が苦手」という人にお勧め。フルカラーで見やすく、しかもイラストつきなので、理論とイメージを結びつけることができます。コミュニケーションに必要な文法が網羅されており、そのまま会話に使える自然な例文が満載。1ユニット完結の見開き構成で、たいへん使いやすく、初心者に適した1冊と言えます。中級編・上級編もありますが、そこまでステップ・アップすれば、もはや英文を読むのに困ることはないでしょう。

・中級者用

　江川泰一郎『英文法解説』（金子書房）

　日本人の手による文法書の名著。500ページを超える大著ですが、体系的にたいへんうまくまとまっていま

す。例文が豊富なうえに、文法項目の検索の容易さにおいてもたいへん使い勝手がよいものになっています。

・上級者用

安藤貞雄『現代英文法講義』（開拓社）

これを通読すれば、英語という言語のしくみがよくわかります。「必要に応じて、ほどほど」のつもりで開いても、奥深く分け入りたくなるほどの面白さをもっています。

もし先生に習うなら

最後にひとこと。あなたが文法を習うとしたら、プロの日本人講師から学ぶのがよいでしょう。英語学習者には少なからず「ネイティヴ信仰」がありますが、日本人の多くが日本語文法を教えられないように、文法をきちんと教えられるネイティヴもまた少数です。

また近年、オール英語（all in English）のモノリンガル（一言語使用）指導は浅薄になりがちで、文法理解を深めることができないという反省が生まれており、バイリンガル（日本語と英語の二言語使用）指導が見直されています。

日本人講師なら、日本語で質問もできるし、英文のしくみをわかりやすい言葉で的確に説き明かしてくれます。文法学習においては、疑問点を納得のいくかたちで解消することが大切です。それには母語（日本語）を介在させたほうが理解しやすく、またはるかに効率的です。

▶ レヴェルに合った文法書を手に入れよう。

第4章 話すために必要なこと　157

第 5 章
文法の極意
「勘どころ」へのアプローチ

44 「語順」どおりに意味をとるには

やはり「文法」が大事

「返り読みをしない」のはトレーニングの結果

　英語の語順を日本語の語順に変換して訳すことを「返り読み」（戻り読み）と呼びますが、英語が聞き取れないと悩んでいる人は、間違いなく「返り読み」をやっています。

◎ The label says / to take two pills /
　　　　①　　　　　　　　　②

every four hours.
　　　③

　これを聞こえてくる順（①②③）、すなわち「ラベルが言っている／2錠服用するように／4時間おきに」ではなくて、「返り読み」は③②①の順、つまり「4時間おきに2錠服用するようにとラベルには書いてある」と頭の中で日本語をつくっているのです。

　「返り読み」をやっていると、いつまでたっても話し言葉のスピードについていくことができません。英語の語順どおりに理解していくことは、コミュニケーション英語では欠かすことができないのです。

　とはいえ、私は「返り読み」を真っ向から批判する者ではありません。なぜかというと、よく「英文を返り読

みしてはいけない」という批判を耳にしますが、「返り
読みをしない」はトレーニングの目標ではなく、トレー
ニングによってもたらされた結果にすぎないからです。

語順どおりに読むには文法の習得が必要

　みなさんは、次の英文を頭から読んで、何を言ってい
るのか理解することができますか。

◎ You'd be so nice / to come home to.
　　　　①　　　　　　　　　②

　これは有名なジャズのスタンダードの曲名ですが、聞
こえてくる順（①②）に意味をイメージしてみましょ
う。②の最後の "to" は何だろうと思いながら、「①あ
なたは素敵／②帰宅して」と大まかに "理解" した人が
多いのではないでしょうか。
　大橋巨泉氏（元タレント・ジャズ評論家）はこれを
「帰ってくれたらうれしいわ」との訳題をつけ、多くの
ジャズ・ファンにそのタイトルを定着させました。
　しかし、少なくとも文法をひととおりやった人であれ
ば、この英文をそのように訳すことはないでしょう。
　高校生のときに習った形容詞構文に次のようなものが
あります。

◎ English is easy to learn for many Europeans.
= It is easy to learn English for many Europeans.
　（多くのヨーロッパ人にとって英語は学びやすい）

第 5 章　文法の極意　161

◎ He is not easy to please.
= It is not easy to please him.
　（彼を満足させるのは容易ではない。→彼は気難しい
　　人だ）

　これらと同じで、英文法を身につけた人なら、「主語
（you）が to 不定詞以下の意味の目的語になっている」
ことに注目して、

◎ You'd be so nice to come home to.
= It would be so nice to come home to you.
　（あなたが待っている家に帰れたら、どんなにうれし
　　いことだろう）

　と、英文を正しく理解します。
　つまり、「あなたが帰ってきてくれたらうれしいわ」
ではなくて、「あなたが待っている家に帰れたら、（私
は）どんなにうれしいことだろう」という意味だったの
です。
　「英文を返り読みしてはいけない」とはよく耳にする
指導法ですが、「返り読みをせずに英語が正しくわか
る」状態になるのは、文法をしっかり習得し、なおかつ
多読した人だけがたどりつける結果なのです。

▶「英語の語順」どおりに文の意味をとれるようになる
　には、「文法」は欠かせない。

162

45「冠詞」の考え方

ちょっと違えば、意味が変わる

3種類の冠詞

　日本語には「冠詞」がありません。そのことがいっそう日本人による「冠詞の習得」を難しくさせています。

　冠詞には3種類あります。a[an] / the / 無冠詞（ゼロ冠詞）です。無冠詞も、「ついていない」という意味において意味をもっています。

◆ a / an

①同じ種類のモノがいくつかあるうちの1つ。明確な形（輪郭）をもった「数えられる名詞」。

・I'd like a donut. Just one, plaese.
（ドーナツください。1つね）

②その名詞は話し手（語り手）と聞き手（読み手）のあいだで特定されていない（「了解」が成立していない）。

・I bought a new computer.
（新しいパソコンを買ったんだ）

◆ the

①あるモノを他のモノと境界線を引いて区別している。「それ」と決まる名詞。

・The panda is becoming extinct.

第5章　文法の極意　163

（パンダは絶滅の危機に瀕している）

②その名詞は話し手（語り手）と聞き手（読み手）のあいだで特定されている（「了解」が成立している）。

・Close the door.
　（ドアを閉めて）

・Could you tell me the way to the station?
　（駅に行く道を教えていただけませんか？）

＊この場合の「駅」はここから歩いて（あるいは車で）行ける最寄り駅のこと。この「了解」が"the"となってあらわれている。

◆無冠詞（ゼロ冠詞）

①物質名詞（「水」や「気体」）、抽象名詞（「愛」や「親切」）、固有名詞（「東京」や「イチロー」）には冠詞がつかない。

・Water is a vital resource.
　（水は貴重な資源だ）

②本来の目的や機能を意味している（＝動詞的な役割をもっている）名詞には冠詞がつかない。

・Where do you go to school?
　（どこの学校へ行っているの？）

＊建物や施設としての学校（school）をいう場合は「数えられる名詞」の扱いをする。

こんなふうに意味が違う

　これらのことを頭に入れて、以下の文を眺めてみましょう。以下の文はすべて「私は犬が好き」と訳すことが

できますが、その意味内容はすべて違います。

◆I like a dog.
「（あえて名前は伏せるが）ある犬が好きだ」（a dog
＝話し手と聞き手のあいだで特定されていない1匹の
犬）
◆I like the dog.
「（話題になっている・例の）あの犬が好きだ」（the
dog：話し手と聞き手のあいだで特定されている1匹
の犬）
◆I like the dogs.
「（話題になっている・例の）あの犬たちが好きだ」
（the dogs：話し手と聞き手のあいだで特定されてい
る複数の犬）
◆I like dogs.
「（一般に）犬が好きだ」（dogs：話し手と聞き手のあ
いだで特定されていない複数の犬。一般に「犬」と総
称されているもの）
◆I like dog.
「犬の肉が好きだ」（dog：数えることのできない、食
材としての犬の肉）

　このように、「冠詞」には意味とルールがあります。
名詞の意味を理解するうえでも、冠詞の扱いはひじょう
に大切です。

▶「冠詞」の基本を押さえよう。

第5章　文法の極意　165

46 「数」に対する意識の違い

日本語とまったく違う

蛙は何匹?

小さな言葉で豊かな情景を浮かびあがらせるのが俳句
(Haiku) です。

古池や
蛙 飛びこむ
水の音

これは有名な芭蕉の句ですが、ドナルド・キーンは次
のように訳しています。

◎ The ancient pond
A frog leaps in
The sound of the water

ところが、小泉八雲 (ラフカディオ・ハーン) は、

◎ Old pond
Frogs jumped in
Sound of water

としています。

　現在形で描写するのか、それとも過去形で言いあらわすのかという問題も興味をそそられますが、ここでは蛙が1匹なのか、それとも複数なのかという問題に着目してみましょう。

　キーンが蛙を1匹として捉えているのに対し、八雲は複数の蛙をイメージしています。キーンが静寂を破る小さな音を感じとっているのに対し、八雲はにぎやかな池の様子を浮かびあがらせています。

　では、現代日本人はこの蛙を何匹と捉えているのか。

　おそらく1匹でしょう。というか、単数か複数かなんて、考えたこともないでしょう。しかし、真実はわかりません。作者の芭蕉に訊いてみるほかありません。

　ここで考えてみたいのは、対象となるモノの「数」という問題です。英語では、数えることが可能な名詞のことを「可算名詞」と呼んでいますが、具体的な数がわかる場合はその数を、わからない場合は「たくさんの」「少数の」などの「数量詞」をつけて相手に伝えることがじつに多いのです。

　日本人は、カエル（蛙）を見つけて、「あ、カエルがいる」とだけ言ったりしますが、英語では、1匹の場合は、

◎Look. There's a frog.

と言い、数匹のカエルを見つけた場合は、

第5章　文法の極意　167

◎ Look. There're some frogs.

　と声をあげます。英語文化では、単数か複数かをつね
に意識しているのです。

"No more Hiroshima." は間違い?

　もうひとつ考えてほしいことがあります。
　毎年、夏になると、「ノーモア・ヒロシマ」が連呼さ
れ、"No more Hiroshima." と英語で書かれたプラカ
ードを目にしますが、みなさんはこの英語のどこがおか
しいと思いますか。

◎ No more Hiroshimas!

　ヒロシマの悲劇をくりかえしてはならない、つまり、
「2つめ、3つめのヒロシマをつくってはいけない」わけ
ですから、"Hiroshimas" と複数形にしなければならな
いのです。
　同様に、「もうこれ以上、核兵器はいらない」のなら、

◎ No more nuclear weapons!

　と、複数形（weapons）にしなくてはなりません。

▶ 単数／複数を意識して相手に伝えるのが、英語という
　　言語の特徴である。

47 「可算名詞」と「不可算名詞」

使い分けるために知っておくべきこと

「卵がついている」はどう言う?

英語を習い始めると、「数えられる名詞」（可算名詞）を「1つ」という場合、a / an をつける、と習います。

たとえば、「卵ひとつ」は "an egg" です。そこで、次のような問題をやっていただくと……

〔問題〕次の文を英訳しなさい。
（あなたの）シャツに卵がついているよ。

多くの人が、誤って、You have an egg on your shirt. と書いてしまいます。

これだと、シャツに卵が1個、そのまま付着していることになってしまいます。思わず、ありえない、と声をあげそうになります。

たしかに、殻がついた生卵やゆで卵は「1つ、2つ……」と数えられます。

◎ I have a boiled egg every morning.
（私は毎朝、ゆで卵をひとつ食べます）

第5章 文法の極意　169

しかし、シャツについた目玉焼きの一部やいり卵は、明確な輪郭をもったモノではないので、「数えられない名詞」（不可算名詞）として扱われます。したがって、「シャツに卵がついているよ」は、

◎ You have egg on your shirt.

と表現しなくてはなりません。
　「名詞は、可算名詞と不可算名詞に分かれる」と習いますが、「どう認識しているか」によって、可算名詞になったり不可算名詞になったりするのです。

明確な形があるのかないのか

　つまり、不定冠詞（a / an）のついた名詞は明確な形（輪郭）をもつモノをあらわし、不定冠詞のつかない名詞は明確な形（輪郭）をもっていないのです。

◎ I'd like a coffee.
　（コーヒーね）
◎ Two coffees, please.
　（コーヒー、2つね）

　このように言えば、明確な形をもった「カップに入ったコーヒー」を、カフェやレストランで注文していることがわかります。しかし、

◎ Someone spilled coffee on the floor.

（誰かが床にコーヒーをこぼしたな）

◎ Would you like some coffee?

（コーヒーでも淹れようか？）

　と言えば、明確な形をもたないコーヒーがイメージされていることがわかります。

　では、これはどうでしょう。

　あなたはいまサラダを食べているとしましょう。シャキシャキと歯ごたえがあり、あなたは「リンゴだ」と確信しました。そのとき、英語ではどんなふうに言ったらいいでしょうか。

　"This is an apple." と言えば、明確な形をもったリンゴがまるまるひとつサラダの中に入っていることになってしまいます。

◎ This is apple.

（これ、リンゴだ）

　そんなときは、このように「数えられない名詞」として捉えるのです。同様に、玉ねぎ1個は "an onion" ですが、細かくみじん切りにされた玉ねぎは、冠詞のつかない "onion" という食材になります。

▶ 明確な形（輪郭）をもつモノは「可算名詞」（数えられる名詞）として扱われ、明確な形（輪郭）をもたないモノは「不可算名詞」（数えられない名詞）として扱われる。

第5章　文法の極意　171

48 「わたしたちは……」をどう言う?

「人はだれでも」の "you"

"we" では言えない場合もある

「わたしたち」ときたら、"we" です。多くの学習者はそう思っています。

◎ We need to know more about our neighboring countries.
（わたしたちは隣の国々についてもっと知る必要がある）

◎ We have four seasons in Japan.
（日本には四季があります）

日本人がこのように言ったとしても、何の問題もありません。しかし、使い方によっては誤解を招くこともあります。次の英文をごらんください。

△ We can't tell what will happen tomorrow in the political world.
（政治の世界では、あす何が起きるか、わからない）

ここで "we" を用いると、「あす起こることを知っている人たち」（＝ they）もいるということになってしま

います。"we" には、対概念としての they（わたし
たちではない他の人たち）が無意識のうちに対置されてい
るのです。

「わたしたち」＝ "you"？

　聞き手の「あなた（たち）」だけでなく、話し手と聞
き手、そしてその他すべての人を含む「わたしたち」、
つまり「人々全般」を指し示そうとしたら、"you" を
用いるのが一般的です。

◎ You can't tell what will happen tomorrow in the
  political world.
  （政治の世界では何が起きるか、誰にもわからない）

　このように言うのがふつうです。万人にあてはまるよ
うな一般論を言うときは "you" を用いるのだと覚えて
おいてください。

◎ You never know what the future holds.
  （将来何が待ちかまえているかなんて、誰にもわから
  ない）
◎ As you get older, you worry less about little
  things.
  （年をとるにつれて、小さなことは気にならなくなる
  ものだ）

　こうした "you" をあえて訳せば、「人はだれでも」

第 5 章　文法の極意　173

になるのでしょうが、訳さないのが慣例です。しかし、"you" は「あなた（たち）」と刷り込まれているので、多くの人はなかなかこの "you" を使いこなせません。

　そこで、一般の人を総称する "one" を持ちだしてくるわけですが、"one" はひじょうに格式ばった語で、日常会話で使われることはまずありません。

◎ One should obey one's conscience.
　（我々は自分の良心に従うべきだ）

　"you" であるべきところを "one" とやってもつうじるでしょうが、会話が不自然なものになってしまうということを覚悟しなければなりません。

　さらに言うと、"you" には話しかけるような親しみがあるので、広告・マニュアル・呼びかけなどではよく用いられています。

◎ With the Internet, you can get any information you need.
　（インターネットを使えば、どんな情報も手に入れられます）
◎ You can't smoke in the lobby.
　（ロビーでたばこを吸うことはできません）
◎ You can never be too careful.
　（用心に越したことはない）

▶「人はだれでもの "you"」を使いこなそう。

49 「未来のことを語る表現」とは

"will"と"be going to"を使い分ける

「未来時制」はない

「時制」(tense) という言葉を耳にしたことがあるでしょうか。英語を習ったことのある人なら、かならず見たり聞いたりしたことがあるはずです。しかし、「時制」とは何か、と問うと、明確に答えられる人はほとんどいません。というわけで、ここでは、みなさんに"時制心"を養ってもらいましょう。

文があらわす事柄と発話時との時間関係に注目してあらわされる動詞の語形変化を、「時制」と呼んでいます。

英語の時制には、「現在時制」と「過去時制」という2つの時制があります。「未来時制」という時制はありません。理由は、発話時（つまり現在時）で未来を展望しようとするのが英語の話法だからです。

もっとくわしく知りたい方は久野暲・高見健一『謎解きの英文法　時の表現』（くろしお出版）をお読みください。

未来を語る表現といえば、"will"を思い浮かべるでしょうが、"will"は未来時制でも未来形でもありません。"will"は助動詞のひとつで、形は現在形です（過去形は"would"です）。

第5章 文法の極意　175

◎ I'll be back in ten minutes.
　（10分で戻るよ）

　上の文は、「いまから10分後に戻る」ことを、現時点
（発話時）において保証しています。
　未来を展望する表現には、"will" のほか、be going
to / be willing to / be planning to / want to / hope
to / wish to / must / may / have to などがあります（現
在進行形を使って未来を展望することもあります）。
　これらの表現に見えるように、現在の視点から未来を
語ろうとするのが英語のスタンスであり、現在形で未来
を展望しようとするのが英語の話法なのです。

"will" と "be going to"

　少々ややこしい話になってしまいましたが、ここから
がさらに重要です。
　とくに目立つ誤りは、"will" と "be going to" との
混同です。ともに「未来を語る表現」なのですが、その
意味するところは大きく違います。
　"will" のもっとも重要な点のひとつは、「とっさに思
いついた意思」（～します）をあらわすということです。

◎ I'll visit Kyoto.
　（そうだ、京都へ行こう）

　また、「主観的な推量に基づいた予測や判断」（たぶ
ん～だろう）をするときにも用います。

◎I think the yen will get weaker and weaker.
　　（円安がさらに進むと私は見ています）

　いっぽう、"be going to" は「～すること」(to *do*)
に「確実に向かっている（be going）」わけですから、
「すでに持っている意思の表明」（～するつもりでいる）
をするときに用います。

◎I'm going to visit Kyoto next month.
　　（来月、京都へ行こうと思っているんだ）

　"will" と違って、心づもりが「すでに」できている
というニュアンスを感じとってください。
　また、「起こることが明白である出来事をあらわす」
（今にも～しそうだ）ときにも用います。

◎The yen is going to get weaker and weaker.
　　（このまま円安がどんどん進むと予想されている）

▶ "will" と "be going to" はイコールではない。その
　違いを理解しよう。

50 使いこなしたい「進行形」

受ける印象がガラリと変わる

進行形は「イキイキ感」を出す

次の2つの文の違いがわかりますか。

◎ I have waited for 50 minutes.
◎ I have been waiting for 50 minutes!

　ともに「50分も待っている」と訳すことができます
が、下の英文は進行形にすることで、感情をあらわにし
ています。待っている50分間の退屈とイライラが伝わ
ってくるようです。進行形は「イキイキ感をだす」のに
適しています。臨場感をだしたり、生々しさを伝えると
きによく用いられるのです。

　もうひとつ、やってみましょう。あなたの家にお客さ
んがやってくることになりました。日時が決まったあ
と、あなたは「では、お待ちしています」と伝えます。
この「お待ちしています」をあなたならどう伝えますか。

　"I'm waiting for you." と言いあらわす人が多いので
すが、ストレートすぎます。「ストレートすぎる」とい
うのは、丁寧さが感じられない、ということです。これ
は「待っています」であって、「お待ちしています」で
はありません。

178

"will be 〜ing" を使いこなす

　ネイティヴはこんなとき、間違いなく、

◎I'll be waiting for you.

　と言います。"will be 〜ing" とすることでイキイキ感を伝えることができるのです。

◎Waitress：Will you be eating here, or is this to
　　　　　　 go?
　　　　　　 （店内でお召しあがりですか、それともお
　　　　　　 持ち帰りですか？）
　Customer：We're eating here.
　　　　　　 （店内でいただきます）

　ウェイトレスが "will be 〜ing" を使って、お客さんのほうが "be 〜ing" で応じていることに注目してください。"will be 〜ing" を多くの日本人は「〜していることになるだろう」とだけ覚えていますが、未来のある時点における動作の進行をあらわすだけでなく、「自然の成り行きや決められた予定を述べる控えめな丁寧表現」としても用いるのです。この表現を使えるかどうかで、受ける印象もだいぶ違ってきます。
　ですから、ホテルの従業員が利用客に予定をたずねるときには、きまって "will be 〜ing" を用います。

◎A：What time will you be arriving, sir?

第5章　文法の極意　179

（お客様、ご到着は何時ごろになりますでしょ
う？）

B：I'll get there by 4:00.
（4時までには行きます）

レストランのウェイターが、お客さんの意向をたずね
るときも同様です。

◎ Waiter：Will you be paying by credit card?
（お支払いはクレジットカードですか？）
Customer：Yes. Here you are.
（ええ。これでお願いします）

もちろん、取引先の会社を訪問するときも "will be
〜ing" を使います。

◎ A：I'll be arriving at your office at 3:00.
（では、3時に御社にお伺いいたします）
B：I'll be waiting for you.
（お待ちしております）

円滑なコミュニケーションを図るうえで、欠かせない
のが "will be 〜ing" という丁寧表現なのです。

▶「進行形」はイキイキ感をだす。
▶ "will be 〜ing" という丁寧表現を覚えよう。

51 "would" と "could" の正体

丁寧な表現をマスターする

"would like to" が丁寧になる理由

中学生のころ、would like to（〜したいと願っています）は want to（〜したい）の丁寧表現だと習いました。そのとき、「現在の願望を述べているのに、どうして "would" という過去形が使われているのだろう」と思った読者もたくさんいるでしょう。

◎ I want to kiss you.
（きみにキスしたいな）
◎ I'd like to kiss you.
（できれば、きみにキスしたいんだけど）

"would" という過去形が使われているのは、「隠された if 節」があるからです。上の文の場合であれば、if you don't mind（差しつかえなければ）や if possible（可能であれば）などの「仮定の状況設定」を背後に隠しているのです。こうすることで、発話者の主張を弱める「控えめな表現」になるのです。

"will" が「意志・意図」をあらわしていることはすでに述べましたが、"would" は「意志・意図」を遠慮がちに表明するときに使われ、"like" 以外に love /

第5章 文法の極意 181

say / think などの動詞とともに用いることが多いということを知っておいてください。

◎I'd love to visit Acapulco.
　（アカプルコに行ってみたいと思っています）
◎I would say he is right.
　（言わせていただければ、彼が正しいと思います）
◎She is rather selfish, I would think.
　（思うに、彼女はちょっと勝手じゃないでしょうか）

より丁寧に質問するには

　よく耳にする Would you ...?（……していただけますか？）もこれで説明がつきます。

◎Would you be more specific about your idea?
　（あなたの考えをもっと具体的に説明してくれませんか？）

　この文を訳してみると、「あなたの考えについてもっと具体的に説明する意志があなたにあるだろうか？」と問うているわけです。つまり、相手の意志を問うという形で〈依頼〉という概念を浮かびあがらせているのです。
　ですから、Would you ...?（意志があればの話ですが……してくれませんか？）は、Will you ...?（……してくれないか？）よりも丁寧な表現といえます。
　また、このことは "can" と "could" にもあてはま

ります。

◎ Can you lend me some money?
（お金を貸してくれる？）
◎ Could you lend me some money?
（お金を貸してくれませんか？）

　"can" の本来的な意味は〈（実現の）可能性〉ですが、"Can you ...?" を Could you ...?（あなたが……する可能性はあるでしょうか？）にすることで、丁寧な表現になっています。

◎ Can I have some more coffee?
（もう少しコーヒーをもらえる？）
◎ Could I have some more coffee?
（もう少しコーヒーをいただけますか？）

　もうおわかりでしょう。「仮定の状況設定」をすることで、"Could I ...?" は「（できればの話ですが）……することは可能でしょうか→……できますか？」という控えめなニュアンスをかもしだしているのです。

▶ 丁寧であろうとしたら、"would" や "could" などの助動詞は欠かせない。

第 5 章　文法の極意　183

52 難敵「前置詞」に挑む

コア・イメージをつかむ

"at" は 〈点〉

　日本語を学ぶ外国人が直面する最大の難関は「てにをは」などの助詞を習得することだとよく言われますが、多くの英語学習者にとっての難敵は「前置詞」のようです。

　前置詞といえば、すぐに of / in / to / for / on / at / from / with / by などが頭に浮かぶでしょうか、これらは文のなかで、語と語を結びつける "関節" のような役割を果たしています。

　しかし、やっかいなのは、A of B =「B の A」のように日本語を対応させて機械的に結びつけようとすると、うまく連結しないことです。

　そこで、その前置詞の機能をひとつひとつ覚えようとするのですが、その数が多すぎて、学習意欲がしぼんでしまいます。ためしに辞書で "at" を引いてみると、"at" がもつ機能をなんと12項目に分けて丁寧に説明しています。

　しかし、英語を母語としている人たちが "at" をこまかく分類して使用しているかというと、そうではありません。ネイティヴは、"at" をあるひとつのコア（core：中核となるもの）のイメージでとらえていま

184

す。
　"at" のコア・イメージは、〈点〉（point）です。それは、場所の〈点〉、時間の〈点〉、対象の〈点〉に及びます。

◎He lost his wallet at the airport.
　（彼は空港で財布をなくした）　＊場所の〈点〉
◎I get up at 5 every morning.
　（私は毎朝5時に起きます）　＊時間の〈点〉
◎She got mad at me.
　（彼女は僕に怒りをぶつけた）　＊対象の〈点〉

"on" は〈接触〉

　もうひとつやってみましょう。
　"on" の基本イメージは何でしょうか。
　〈接触〉です。接触するのは、上面、側面、底面を問いません。このようにイメージすれば、「壁の絵」が a picture on the wall（壁に接触している絵）になることや、「天井にとまっているハエ」が a fly on the ceiling（天井に接触しているハエ）になることがおわかりになるでしょう。

◎You have mud on your shoes.
　（靴に泥がついているよ）　＊表面への〈接触・付着〉

　"on" は物理的な〈接触〉にとどまりません。ある特定の日時に適用されることがあります。on May fifth

第5章　文法の極意　185

（5月5日に）、on the morning of the game（試合の日
の朝に）、on a cold night in February（2月のある寒
い夜に）のように、特定の日・朝・昼・晩にも〈接触〉
するのです。

◎I sleep late on Sunday mornings.
　（日曜の朝は寝坊をする）　＊特定の日への〈接触〉

　〈接触〉するには対象があるはずです。そこから
"on" は、対象を基盤とする〈依存〉の意味をもつよう
になりました。次の英文がその例です。

◎You can't rely on others forever.
　（いつまでも人に頼るんじゃないよ）
　＊対象への〈依存〉

　前置詞を習得するには、その前置詞がもつコアのイメ
ージをつかむことが大切です。前置詞の「コア・イメー
ジ」を習得したければ、『表現英文法』（田中茂範／コス
モピア）がおすすめです。前置詞がもつコアのイメージ
がわかりやすく説明されています。

▶前置詞は「コア・イメージ」をつかむことで使いこな
　すことができる。

53 否定疑問文で聞かれた場合

"Yes"か"No"か

Yes / No はマーカーの役割

　日本人の英語が「わかりにくい」とされる典型的な受け答えがあります。

　みなさんは英語の授業で、Yes =「はい」、No =「いいえ」と習いましたね。では、下の空所には、"Yes"か"No"のどちらが入るでしょうか。

◎ A : So, you're not going, right?
　　　 （ということは、行かないのね？）
　 B : (　　　　). I am going. I'm just going to be late.
　　　 （ううん、行くつもり。ただちょっと遅れるだけ）

　答えは"Yes"です。

　日本人の場合、「はい、そうではありません」とか「いいえ、そうです」と答えることがよくありますから、「ううん」が頭に浮かべば、すぐさま"No"と言ってしまうのです。しかし、これは日本語の発想のままに英語にしてしまった典型的なミスです。

　否定疑問文に対しては、日本語の「はい／いいえ」が一致しません。ですから、まず日本語の慣用を忘れて答えることが必要です。

第5章　文法の極意　**187**

◎ A：Don't you love me?
　　（私のこと、愛してないの？）
　B：Yes, I do.
　　（ううん、愛しているよ）

　英語では、質問の肯定・否定にかかわらず、返答内容が肯定なら "Yes" を、否定なら "No" を用います。つまり、「愛している」のなら、否定疑問文で聞かれても "Yes" になり、「愛していない」のなら "No" になるのです。

　英語の Yes / No は、相手の発言に同意するかしないかではありません。"Yes" の後ろには肯定文が続き、"No" の後ろには否定文が続くことを示す、いわばマーカーの役割を示すものなのです。

◎ A：Isn't he coming?
　　（彼、来ないの？）
　B：Yes, he is.
　　（いいえ、来ます）

否定疑問文は肯定疑問文に変換して答える

　極論を言えば、否定疑問文は肯定疑問文に変換して答えればいいのです。Isn't he coming?（彼、来ないの？）と聞かれたら、Is he coming?（彼、来るの？）に変えて答えるのです。Bは「来る」と思っている（＝肯定している）わけですから、Yes, he is. となるわけで

188

す。

◎ A：Don't you remember?
　　（覚えてないの？）
　 B：No.
　　（まったく）

　さらに言うと、英語には Yes, I don't. や No, I do. という英語表現はないので、後ろで、肯定文であらわされる内容を示したい場合は "Yes" と答え、否定文であらわされる内容を明示したい場合は "No" と答えればよいのです。
　では、最後の問題です。下の空所には、"Yes" か "No" のどちらが入るでしょうか。

◎ A：Aren't they the same age?
　　（彼女たちは同い年じゃないよね？）
　 B：（　　　　　）. I think Beth's two year older.
　　（うん。ベスのほうが2つ上です）

　答えは、"No" です。"No, they aren't (the same age)." と考えることができるからです。

▶ 英語では、"Yes" の後ろには肯定文が続き、"No" の後ろには否定文が続く。

第5章　文法の極意　189

54 「行く」と「来る」の認識のずれ

日本人が勘違いしやすい"go"と"come"

"go there" と "be there"

　日本人の多くが勘違いしている英語表現に "go there" と "be there" があります。

　「3時にそこへ行きます」にあたる英語表現は次のうちどちらでしょう。

（A）I'll go there at three.
（B）I'll be there at three.

　答えは（B）です。

　（B）は3時にそこにいる（be there）ということを意味しているのに対し、（A）は自分のいる場所を3時に出発してそこへ向かう（go there）ことを意味しているからです。

　同様に、「すぐに戻る」は、

◎ I'll be right back.

　と言います。戻っている（be back）状態をイメージしているからです（"right" は「すぐに」という意味の副詞です）。

190

"go" と "come"

さて、ここでは "go" と "come" について、もう少し深く考えてみたいと思います。

多くの人たちが "go" は「行く」、"come" は「来る」とだけ覚えています。

しかし、ネイティヴ・スピーカーの頭のなかでは、次のようにイメージされています。

---

go ＝ 話し手や聞き手から遠ざかっていく 〈離反〉

以下の例文で見てみましょう。

◎ Where are you going?
（どこへ行くの？）

◎ I'd better be going.
（もう行かなくちゃ）

◎ Every summer I go to see my grandparents in Iowa.
（毎年、夏にはアイオワにいる祖父母に会いに行きます）

これらの例に見られるように、"go" は、話し手（一人称）と聞き手（二人称）以外の第3の空間へ移動するときに用いるのです。

いっぽう、"come" は以下のようにイメージされています。

第5章 文法の極意　191

> come ＝ 話し手や聞き手のほうへ移動する〈接近〉

　ですから、「そっちへ行ってもいい？」を、多くの日本人は Can I go over? と言ってしまいますが、

◎ Can I come over?

と、"come" を使わなくてはなりません。
　話し手（一人称）と聞き手（二人称）を対象にした「行く」や「来る」は "come" を用いるのです。
　次のやりとりで再確認しましょう。

◎ A：Dinner's ready, Shota!
　　　（夕飯ができたわよ、翔太）
　 B：Okay. I'm coming.
　　　（わかった。いま行く）

▶ "go" は〈離反〉、"come" は〈接近〉のイメージでとらえよう。

55 「関係詞」の正体

日本語にはないもの

「関係詞」という名称の問題点

多くのヨーロッパ言語、たとえばドイツ語、フランス語、スペイン語、イタリア語には関係詞に相当するものがあります。アジアに目を転じれば、マレー語、インドネシア語、ヴェトナム語などにもまた関係詞が存在します。

しかし、日本語には関係詞がありません。そのことが、日本人をして、もっとも理解しにくい文法の一分野に位置づけています。

関係詞は「情報を追加するというシグナル」で、関係詞そのものには訳語がありません。つまり、機能はあっても、意味を担っていないのです。

「関係詞」という名称にも問題があります。この訳語がいっそう学習者を悩ませています。

関係詞というのは、関係代名詞、関係副詞、関係形容詞の総称をいうのですが、「関係代名詞」を辞書で引いてみると、"Relative Pronoun" と出ています。"relative" は relation（関係）の形容詞だから「関係」と訳したのでしょうが、関係詞のない日本語を話すわたしたちにとっては、なんのことやらさっぱりわかりません。

第5章 文法の極意 193

◎ You should marry somebody who really loves you.
（こんな人と結婚したほうがいい／その人は心からあなたを愛している）

◎ She told me a story that was really thrilling.
（彼女は僕にある話をしてくれた／それはほんとうにワクワクするものだった）

◎ Japan is the country（which / that）I love.
（日本は国だ／それを私は愛する）

　これらの例に見えるように、関係代名詞は代名詞であると同時に接続詞でもあるのです（The relative pronoun is not only a pronoun but also a conjunction.）。

　関係詞は連結器としての役割を果たしているので、関係詞を「連結詞」、関係代名詞を「連結代名詞」と呼んでいたら、理解が誤解を圧倒したのにと思わないではいられません。

　同様に、関係副詞（where / when / why / how）は接続詞と副詞のはたらきを合わせもっているのだとわかります。

◎ Let's go to the living room where it's cool.
（居間へ行こう／そこは涼しい）

◎ Do you remember the day when we first met?
（あの日のことを覚えているかい／その日に僕たちは初めて会った）

◎ That's the main reason why they didn't get

married.

（それが大きな理由だ／そんなわけで彼らは結婚しな
かった）

　関係副詞も「連結副詞」と呼んでいたら、理解しやす
いのにと考えることがよくあります。

「情報追加型」の構造

　それはさておき、関係詞を使った文が示しているとお
り、英語表現の基本パターンは、重要な情報を文章の前
のほうから出していき、関連する情報をそのあとに追加
していく「情報追加型」の構造になっているということ
です。

　情報の核となる名詞の後ろに説明のための関係詞節を
置くという「情報の流れ」があることを意識すれば、と
たんに関係詞が使いやすくなります。

　関係詞を含まない研究論文やニュース記事はありませ
ん。関係詞を理解してはじめて、内容のある英文を読ん
だり話したりすることが可能になります。

▶「関係代名詞」は接続詞と代名詞、「関係副詞」は接続
　詞と副詞という、それぞれ2つのはたらきを兼ねそな
　えている。

▶英語の文は「情報追加型」の構造をもつ。英語表現に
　おいて、内容のある英文をつくろうと思ったら関係詞
　の理解は欠かすことができない。

第5章　文法の極意　195

56 "excited" か "exciting" か

感情をあらわす分詞形容詞

過去分詞か現在分詞か

英語の世界では、感情は「外からのはたらきによって起きる」と考えられています。また、感情に影響を及ぼす動詞はほとんどが他動詞（目的語に直接はたらきかける動詞）です。

◎ Her decision surprised us all.
（彼女の決定は、わたしたちみんなを驚かせた）

"surprise" が他動詞のはたらきをしていることに注目してください。では、上の文を受動態の文にしてみましょう。

◎ We all were surprised by her decision.
（わたしたち全員が彼女の決定に驚かされた）

上の文の surprised（過去分詞）は「（人が）驚いて」という形容詞です。
また、以下のように言い換えることもできます。

◎ Her decision was surprising to us all.

（彼女の決定は、わたしたちみんなにとって驚くべきものであった）

surprising（現在分詞）は「(人を）驚かせるもので・驚くべきことで」という形容詞です。

以上のことを、まとめてみます。

英語という言語では、人の感情にはたらきかける動詞は他動詞であることが多く、過去分詞（〜ed）で「(人が）〜して」となり、現在分詞（〜ing）で「(人を）〜させるもので」となります。

あるサッカー選手の間違い

あるサッカー選手が、オーストラリアのクラブチームへの移籍が決まったとき、"I'm exciting." と心境を語ったそうですが、"excite" は「興奮する」という自動詞ではなく、「興奮させる」という他動詞なので、excited（興奮して）という分詞形容詞を用いて、

◎I'm excited.
（ワクワクしています）

と言うべきでした。以下で "excited" と "exciting" の違いを確認してください。

◎I was really excited watching that game.
（その試合を見てほんとうにワクワクした）
◎That game was really exciting.

第5章　文法の極意　197

（ほんとうにワクワクするような試合だった）

　このような例文を見せると、人を主語にしている場合は過去分詞でつなげ、こと・ものを主語にしている場合は現在分詞を用いる、と覚えてしまう人がいますが、それはいけません。

◎ He is disgusted with her.
　（彼は彼女に愛想をつかせている）
◎ He is disgusting.
　（彼にはむかつく）

　"disgusted" は「（人が）ムカムカして」、"disgusting" は「（人を）ムカムカさせるもので」になります。
　下のほうの例文に見えるように、人を主語にしても現在分詞を使うことがあるのです（くだんのサッカー選手の "I'm exciting." は「僕って刺激的なやつだ」という意味になります）。

・過去分詞形（〜 ed）－「（人が）〜して」
・現在分詞形（〜 ing）－「（人を）〜させるもので」

　感情をあらわす分詞形容詞の場合、やはりこのように覚えないといけません。

▶感情をあらわす分詞形容詞の基本用法を覚えよう。

第 6 章
社交する英語
「英語のマナー」と「日本文化」

57 排他性のある表現

何気なく使わないように

「よそ者扱い」してしまう表現

　わたしたちがふだん何気なく口にしている言いまわし
が英語になったとたん、相手に違和感を与えたり、誤解
や困惑をもたらしてしまうことがあります。

　そのひとつが、"We Japanese ..." です。この言い方
が、どうも日本人であることを鼻にかけているように聞
こえ、ネイティヴは自分がよそ者扱いされているように
感じるそうです。たとえば、We Japanese are hard-
working.（わたしたち日本人は働き者だ）を、ネイテ
ィヴは「日本人だけが働き者で、ほかの国の人たちは違
う」と言っているように聞こえるというのです。

◎ The Japanese are generally hardworking.
　（一般的に日本人は働き者です）

　聞く側に疎外感を与えないようにするためには、主語
を the Japanese / Japanese people / Japanese などに
しなくてはいけません。generally（一般に）をつけれ
ば、より客観的に述べているとの印象を与えることがで
きます。

　これは「あなたたちアメリカ人」であっても同じこと

200

です。You Americans are friendly.（あなたたちアメリカ人はフレンドリーだ）と褒めようが、You Americans are self-centered.（あなたたちアメリカ人は自己中心的だ）とけなそうが、アメリカ人をひとまとめにして批評しているとの印象を与えてしまいます。You foreigners ...（あんたたちガイジンは……）も同様です。

◎ Americans are generally friendly.
　（アメリカ人は一般的にフレンドリーだ）
◎ It seems that some Ameicans are self-centered.
　（自己中心的なアメリカ人がけっこういますね）

　"You Americans" とひとまとめにせずに、"Americans" で客観性をもたせ、generally（一般に）や It seems that ...（……のように思われます）などの表現とともに用いることをお勧めします。

「彼」「彼女」の問題
　また、受けとめ方の違いを示すものとして、「彼」と「彼女」の問題があります。
　ここに日本人の夫妻（ケンとヨーコ）とその知り合いであるアメリカ人（クレア）がいるとします。
　ケンはそばにいる妻を指して、She plays tennis very well.（彼女はテニスが上手なんです）" と言い、ヨーコも傍らにいる夫に言及して、He is crazy about champagne.（彼ったらシャンパンに目がないんです）と紹介します。

第6章　社交する英語　201

しかし、クレアは怪訝（けげん）な顔をしています。
「なぜ、夫婦なのにファーストネームで呼ばないの？」
こう思っているのは間違いありません。
そばにいる妻や夫を「彼女」や「彼」で呼ぶことは、英語圏ではありえないことです。「つきはなしているようだ」「排他的に聞こえる」「他人行儀もはなはだしい」との印象をもつようです。

◎ Yoko plays tennis very well.
◎ Ken is crazy about champagne.

このように言うのが英語社会の常識です。
このことは同席している友人に言及するときにもあてはまります。
彼女（アキコ）のほうを指さして、「彼女、来月オーストラリアに留学するんだ」を、"She is studying in Australia next month." と言ってはいけません。

◎ Akiko is studying in Australia next month.

ちゃんと「アキコ」と呼ぶことで、あなたはアキコという友人をひとつの人格として認めていることを伝えることができます。

▶「日本人」をあらわす客観的な言い方を覚えておこう。
▶そばにいる人を三人称で呼ぶと怪訝な顔をされる。

58 「紹介」をする?

「名前」もかならず添える

英米ではかならず紹介

たとえば、あなたが会社の同僚とレストランで食事をしていたとしましょう。そこへ高校時代のクラスメイトが通りかかりました。目が合ったあなたと友人は、お互いをたしかめ合い、「久しぶり!」「元気だった?」と言葉をかわします。

そのときあなたは、友人に同僚を紹介するでしょうか。

こうした場合、日本社会ではまず紹介しません。それどころか、旧知の二人（ふたり）はちょっと離れたところに移り、ヒソヒソ話を始めたりします。

ところが、英米社会では、これとはまったく異なる対応をします。ほんの数分で別れてしまって、この先二度と再び会う可能性がないと思われる状況でも互いを紹介します。もし紹介しなかったら、紹介しない理由があるのだろうか、と逆に勘ぐられます。

また、日本社会では、人を紹介するとき、「会社の同僚です」「高校時代の友人です」「姉です」「妻です」と、自分との関係や続柄を言って、名前を言わないことが多いのですが、英米では "This is my coworker." とだけ言うことはありません。英語圏ではかならず名前を

第6章 社交する英語 203

言います。

◎ This is my coworker, Yumi.
（こちら、同僚のユミ）

　英米人が名前を言うのは、個人のアイデンティティを尊重してのことです。地位や立場、関係や続柄よりも、名前のほうが重視すべき情報なのです。もし名前を言わなかったら、「人格をないがしろにされたと感じる」（アメリカ人）ようです。

　「同僚」とか「姉」などの間柄は、紹介された人同士が会話をするのに役立ちそうな情報として添えられているにすぎません。間柄に言及したくなければいわなくてもかまいませんが、名前はかならず言うようにしましょう。

　これはあくまでも文化の違いですが、言語を学ぶとは、慣習を知ることでもあるわけですから、ぜひこのことを頭に入れておいてください。

かならず声に出してあいさつする
　次に挙げるのが、一般的な紹介のしかたです。

◎ Mariko : Keiko, this is my coworker, Andy. Andy,
　　　　　 this is a friend from high school, Keiko.
　　　　　 （ケイコ、こちら、同僚のアンディ。アンディ、高校時代の友だち、ケイコ）
　　 Andy : Hello, Keiko.

　　　　（こんにちは、ケイコ）
　Keiko：Nice to meet you, Andy.
　　　　（よろしく、アンディ）

　よく会話本に載っている May I introduce you to ...?
（……さんをご紹介させていただいてもよろしいでしょ
うか？）はひじょうに堅苦しい言い方なので、場の雰囲
気に応じた表現を用いることが大切です。
　くだけた場面では、

◎Keiko：Keiko, this is Andy. Andy, Keiko.
　　　　（ケイコ、こちらアンディ。アンディ、こち
　　　　　らケイコ）
　Andy：Hello, Keiko.
　　　　（こんにちは、ケイコ）
　Keiko：Hi, Andy.
　　　　（こんにちは、アンディ）

　と、このような感じになります。
　注目していただきたいのは、紹介された者は、会釈で
はなく、かならず声に出してあいさつしているというこ
とです。英語社会では、紹介というのは、初対面の人同
士に会話を始めるきっかけを与えるという目的もあるか
らです。

▶紹介するときは、かならず「名前」を伝えよう。

　　　　　　　　　　　　　　　第6章　社交する英語　205

59 「オウム返し」が得意な日本人

英語では冷たい印象に?

「オウム返し」は避ける

　日本人の場合、「はじめまして」とあいさつされたら、「はじめまして」と同じ文句を返します。「こんにちは」と言われたら、「こんにちは」とオウム返しにします。

　これを英語にあてはめてみましょう。たとえば、

◎ Nice to meet you.
　（お会いできてうれしいです）

と言われたら、みなさんはどう返しますか。

　多くの日本人は "Nice to meet you." とそのまま返してしまいますが、ネイティヴはそのような対応を好みません。

　オウム返しをすると、「会話する意志がないように冷淡に聞こえる」（アメリカ人）からです。

◎ Nice to meet you, too.
　（こちらこそ）

◎ I'm very happy to meet you.
　（お目にかかれてうれしいです）

206

◎It's a pleasure to meet you.
　（お目にかかれてうれしく思います）

　などの表現を使って、オウム返しを避けようとします。
　それだけでなく、会話の糸口となるように、多少なり
とも言葉をつけ足します。

◎I've heard a lot about you.
　（お噂はかねがね伺っております）
◎I've been wanting to meet you.
　（ずっとお会いしたかったんです）
◎I'm visiting from Osaka.
　（きょうは大阪からやって来ました）
◎I'm in research and development at Sony.
　（ソニーの研究開発部に属しています）

　こうすれば、会話は自然に転がっていきます。

相手に関心があることを示す
　なじみの友だち同士であっても、オウム返しを避け
て、相手に関心があることを示します。

◎Matthew：Hey, Jack. How's it going?
　　　　　　（やあ、ジャック、元気？）
　　Jack：Hi, Matt. Not bad. Yourself?
　　　　　　（おお、マットか。ぼちぼちってとこだ
　　　　　　な。そっちは？）

第6章　社交する英語　207

Matthew：Can't complain. How's your old man?
　　　　Haven't seen him for a while.
　　　　（上々ってとこかな。で、親父さんはどう
　　　　してる？　しばらく会ってないけど）

　別れのあいさつも同様です。オウム返しを避けて、冷
たい印象を与えないようにします。

◎ A：Well, I need to get back to the office.
　　　（そろそろ社に戻らなくてはいけません）
　 B：Thank you for taking time to talk with me.
　　　（お時間を割いていただきありがとうございまし
　　　た）
　 A：Bye, now.
　　　（じゃ、失礼します）
　 B：See you later.
　　　（では、よろしくお願いします）

　別れのあいさつをする場合は、2段階に分けます。最
初に辞去することをほのめかし、そのあとで別れのあい
さつをします。
　日本人は "Bye." に対して、"Bye." と返すことがよ
くありますが、ここでもネイティヴは "Bye, now." や
"See you." などの表現を使って事務的になるのを避け
ようとします。

▶あいさつでは、「オウム返し」をやめましょう。

60 会話の障害物になる「相づち」

英語ではほどほどに

日本人は「相づち」が多い

コミュニケーションを円滑にすすめるには、互いのマナー（manners）に対して敬意を払わなくてはなりません。日本人は異文化の習慣や考え方を学ばなくてはならないし、日本人でない人たちは日本のしきたりや作法を心得ておかなければなりません。

ここでは、英語圏の人たちがよく指摘する日本人の「相づち」（back channels）に関する問題を取りあげてみましょう。

会話の主導権を相手に持たせたまま、同調したり、驚いたりといった反応を示す行為が「相づち」です。言うまでもなく、相づちはコミュニケーションをなめらかにするための潤滑油ですが、やりすぎると逆に癇にさわることがあります。

日本人は、英米人に比べると、相づちの頻度が高いことをご存じでしょうか。

日本人は声に出して「へえ……はあ……うん……そうなんだ……」と相づちを打ったり、首をタテにふってうなずくなど、相手の話を聞いているというサインを頻繁に出しあって、会話が成り立っていることを確認する習慣があります。

第6章 社交する英語 209

それを英語での会話にも持ち込んで、Uh-huh.（う
ん）/ Right.（そう）/ Oh, really?（ほんと？）/ Yes.
（そうですね）と、さかんに繰りだしてしまうのです。
ひっきりなしに連発される相づちは「会話の障害物」
（conversation stoppers）になってしまいます。

もし日本語なみに相づちを打ったら

　次の会話をごらんください。あるアメリカ人が日本人
に結婚式の "best man" について説明をしています。

◎ American：The man who stands next to the
　　　　　　 groom is the best man and...
　　　　　　 （花婿の隣に立っている男性がベスト・マ
　　　　　　 ンで……）

　 Japanese：Uh-huh.
　　　　　　 （うん）

　 American：his role is to accompany the groom.
　　　　　　 （新郎の付き添い役なんだ）

　 Japanese：Uh-huh.
　　　　　　 （うん）

　 American：In ancient times, when ...
　　　　　　 （その昔……）

　 Japanese：Uh-huh.
　　　　　　 （うん）

　 American：when marriage was a result of a raid...
　　　　　　 （結婚がほとんど略奪婚であったころ
　　　　　　 ……）

Japanese：Oh, yes?
（それで？）

American：it was his job to stand guard...
（守る役目をしていたんだ……）

Japanese：Oh, really?
（ほんと？）

American：so that the bride could not be recap-
tured.
（花嫁が奪い返されないようにね）

Japanese：Oh, I see.
（なるほど）

　このアメリカ人が日本人の相づちにイライラをつのら
せていることは想像に難くありません。たぶん、「うる
さいなあ。フィードバックしすぎだよ。少しは黙って聞
いてよ」と思っているはずです。

　もちろん英米人も話の途中で相づちを打つことをしま
すが、日本人に比べると、その頻度は極端に少ないので
す。一説によると、日本人はアメリカ人のおよそ2倍の
相づちを打っているとか。

　相づちは日本語で話しているときの半分ぐらいにする
のがよく、言葉による相づちの代わりに、適度に頭をタ
テにふってうなずいたり、アイコンタクトをとるのが英
語のマナーです。

▶「相づち」は、ほどほどにしましょう。

第6章　社交する英語　211

61 「感謝」の度合い

状況によって表現を変えよう

いろいろな「感謝」の表現

　英語には「感謝」をあらわす表現がたくさんあります。

　もっともカジュアルなのは "Thanks." ですが、なんでもかんでもこればっかりという日本人がいます。日本語にしたら、「どうも」くらいでしょうか。

　ちょっとしたことをやってもらったときには "Thanks." でもいいのですが、手間と時間をかけてやってくれたことに対しては、

◎ That's very kind of you.
　（ほんとうに助かりました）
◎ I really appreciate what you have done.
　（ご尽力いただきましてありがとうございました）

　などを使うべきです。

《「感謝」の丁寧レヴェル》

★★★	I really appreciate what you have done.
★★★	That's very kind of you.

★★	Thank you very much.
★	Thank you.
★	Thanks.

　重要なのは、状況によって表現を使い分けることです。手間をとらせてしまったことにカジュアルな表現を使うのは失礼ですし、ささいなことに大げさな表現を用いるのは慇懃無礼です。

2つの注意点

　「感謝」をあらわす際に注意していただきたいことが2つあります。

　ひとつは、できるだけ「具体的に言う」ということ。具体的にその内容を述べることで誠意が伝わります。

◎ I really appreciate your kindness.
　（お骨折りいただき感謝します）
◎ Thank you for your cooperation.
　（ご協力ありがとうございました）
◎ Thanks for calling.
　（お電話ありがとう）

　また、日本人は誰もが「先日はどうも」とお礼を言いますが、"Thanks for the other day." は英文としては正しいのですが、英語社会では過去にさかのぼってお礼を述べることはまずありません。言うとしても、

◎ Thank you for taking me to dinner last Friday. I had a wondeful time.
（この前の金曜日はディナーに誘ってくれてありがとう。楽しかったです）

　このように具体的に述べるのです。こうすれば、相手は、

◎ The pleasure was mine.
（こちらこそ楽しかったです）
◎ I had a great time, too.
（僕も楽しかったよ）

　などの言葉を返してくれるはずです。
　もうひとつは、何かを勧められて、それを断わるとき、"No." とだけ言わない、ということです。かならず「ありがとう」の言葉を添えてください。そのあとに理由を添えれば、より丁寧な答え方になります。

◎ A：Another cup?
　　　（もう一杯どう？）
　B：No, thanks. I've had plenty.
　　　（いいえ、けっこうです。たくさんいただきました）

▶「感謝」の言葉は具体的に述べましょう。

62 英米人はいつもストレートに言う?

英語にも婉曲表現はある

"pregnant" は放送禁止用語だった

「正直であれ」とはまっとうな教えであるものの、社交においては、自分の気持ちを正直に表現したら、角が立ったり、不愉快な思いをさせてしまうことがあります。

英語にも、露骨な表現を避けたあいまいな表現（equivocation）や、遠回しにいう婉曲語法（euphemism）があります。

たとえば、「死ぬ」という表現ですが、身内の話ならば die（死ぬ）も使いますが、そうでない場合は pass away（亡くなる）を用いたほうが無難です。

◎ Linda's father passed away.
　（リンダのお父さんが亡くなったんだ）

pregnant（妊娠している）も、ひと昔まえは人前で口にするのをはばかられる下品な（vulgar）単語でした（ＴＶでは放送禁止用語でした）。

現在では、"pregnant" は映画やＴＶドラマなどでも使われるようになりましたが、いまも直截的な（blunt）表現であることに変わりはありません。

第6章　社交する英語　215

◎She is expecting.
（彼女、オメデタなのよ）

　このように遠回しに言うのがふつうです。
　これは "She is expecting (a baby)." のことで、これを好ましいと主張する人はいまでもたくさんいます。
　出産予定日を聞く場合は、

◎When is the happy event?
（オメデタはいつ？）

　をよく使います。
　the happy event（めでたいこと）はとくに「出産」を指して使われます。あるいは、

◎When is the baby due?
（出産予定日はいつ？）

　とたずねることもあります。
　これは "When is the baby due (to arrive)?"（お腹の赤ちゃんはいつ到着予定なの？）ということで、これも婉曲話法のひとつです。

「トイレに行く」をどう言うか
　食事中、「トイレに行ってきます」をみなさんはどのように言っていますか。

216

食事中に手洗いに立つことが禁じられているわけでは
ありませんが、できることなら食事まえに済ませておく
のがマナーです。
　どうしても行きたくなったときも、toilet（便所）と
いう言葉を口にするのを避けようとします。遠回しに、

◎ Would you excuse me for a moment, please?
　（ちょっと失礼してもよろしいでしょうか？）

と言うのがマナーです。すると、同席している人は、

◎ Not at all.
　（どうぞ）

と言ってくれるはずです。
　婉曲表現は円滑なコミュニケーションをはかるうえで
欠かすことができません。
　英語のマナーに関しては、『ネイティブが教えるマナ
ー違反な英会話』（ジェームス・M・バーダマン／中経
文庫）がたいへん役立ちます。

▶「婉曲表現」は円滑なコミュニケーションには欠かす
　ことができない。

第6章　社交する英語　217

63 日本人が誤解している「どうぞ」

「どうぞ」＝"Please." ではない

"please" は単独で用いられない

多くの日本人は、"please" を誤解しています。お願いするときは、なんでもかんでも "Please." とだけ言って済ませようとしている人をよく見かけますが、"please" は一般に、単独で用いられることはありません。

"please" は万能どころか、じつは相互誤解の原因になっているのです。

たとえば、あなたが誰かのためにドアを開けて押さえていて、先にその人に通ってもらいたいとしましょう。そのようなとき、あなたなら何と言いますか。

日本人の場合、つい "Please." とだけ言ってしまいがちです。しかし、そんなときに、ネイティヴが "Please." ということは絶対にありません。

◎ Please go ahead.
（どうぞお先に）

そのような場合は、このように言います。

◎ After you.

（どうぞお先に）

と言ってもかまいません。

いろいろな「どうぞ」を正しい表現で

あなたのオフィスにアメリカ人のお客さんがやってきました。あなたはその人に「どうぞ」と椅子をすすめます。そのようなとき、ネイティヴは、

◎ Please have a seat.
（掛けてください）
◎ Please sit down.
（座ってください）

などと言います。けっして "Please." だけで済ませることはありません。
食べ物を「どうぞ」と人に勧めてみましょう。

◎ Please take one.
（おひとつ、どうぞ）
◎ Please try some.
（どうぞ、召しあがってください）
◎ Please help yourself.
（どうぞ、ご自由に）

映画館で、Can I sit here?（ここに座ってもよろしいですか？）と許可を求められました。

第6章 社交する英語　219

もちろん、"Please." とだけいって、あとは口をつむ
ぐということはありません。そんなときは、

◎ Please go ahead.
　（ええ、どうぞ）
◎ Please do.
　（どうぞ）

などと答えます。
　物を差しだして、「どうぞ」と手渡してみましょう。

◎ Here you are.
　（はい、どうぞ）
◎ Here you go.
　（はい、どうぞ）
◎ Here.
　（はい）

　以上、見てきたように、日本語の「どうぞ」が
"please" にそのまま言い換えられる場面はないので
す。このことをぜひ知っておいてください。

▶ "please" だけで済まさないようにしましょう。

64 「難しい」の意味するところ

断わるときは、はっきりと

日本人が使いがちな表現

　一般に、依頼を引き受ける場合、

◎ Sure.
　（いいですよ）

◎ Okay.
　（オーケー）

◎ No problem.
　（お安いご用です）

などの簡単な言葉で応じます。

　しかし、引き受けてあげたいのだけれど、事情があって断わらざるをえないときがあります。

　相手を傷つけず、今後も良好な関係を継続していきたいとき、「無理です」とか「不可能です」と言えば、関係がぎくしゃくしてしまいます。断わられたほうは、恨みに思うことさえあります。

　そんなとき日本人は、角が立たないように、「それはちょっと難しいですね」とやんわり言って、あとは口をつぐんでしまいます。

　このように言われたら、日本語文化では、遠まわしに

第6章　社交する英語　221

「断わられたのだ」とすぐに気づきます。

　しかし、こうした日本社会でつうじる暗黙の了解事項を英語文化に持ち込んだ場合、誤解や摩擦が生じる原因のひとつになります。

「難しい」はどう受け取られるのか

　"It's a little difficult." は英語圏ではどのように受けとめられるのでしょうか。

　「ちょっと難しいが、不可能ではない」、「いくぶん難しいけど、やってやれないことはない」と解釈されます。"difficult" は not easy（簡単ではない）と言っているにすぎないのです。

　つまり、「難しい」の言外の意味は、「けれど、まだ可能性が残されている」のです。これがネイティヴ・スピーカーの感覚です。

　ですから、ネイティヴは "It's difficult." や "It's a little difficult." を拒絶の表明だとは捉えていません。「難しいけど、可能性はあるらしい」、あるいは「難しいのはわかった。だから何？」というニュアンスで受けとめています。

　したがって、断わりたいときは、

◎ I'm afraid that's not possible.
　（せっかくですが、無理ですね）

　と、not possible（可能ではない）とはっきり伝えることです。このようにストレートに言っても、英語の世

界ではまったく失礼ではありません。

◎I'm afraid I can't do that.
（せっかくですが、できません）
◎I'm sorry, but I don't think I can help you.
（残念ながら、ご要望には添えません）
◎I'm afraid I won't be able to do that.
（残念ながら、できかねます）
◎You have a point there, but I don't think I can help you.
（あなたのいうことも一理ありますが、ご要望には添いかねます）

　このように、否定語を含めて、「できない」ことを伝えることもあります。
　「難しいけど、できるかどうかたしかめてみましょう」と言いたいのならば、

◎It's difficult, but I'll see what I can do.

　ということをお勧めします。
　この "see" は「たしかめる・調べる」で、what /
where / how / if などの前に置いてよく用いられます。

▶ "difficult" は「難しい（けれど、まだ可能性が残されている）」。断わるときは、「できない」とはっきり言いましょう。

第6章　社交する英語　223

65 英語にも「敬語」はあるの?

日本語とのマナーの違い

「つまらないものですが」はつうじない

プレゼントや手みやげを渡すとき、日本人は儀礼的に「つまらないものですが」や「ほんの気持ちですが」という言葉を添えることがあります。

私自身は、謙虚な表現としてたいへん好ましく思っているのですが、これをそのまま英語に直訳して、"This is a trifling thing." とやると、ネイティヴの頭には「つまらないものをどうして私にくれるのだろう」との考えがよぎるそうです。

◎ This is for you. I hope you like it.
　（これ、どうぞ。気に入っていただけるとうれしいのですが）

このように言うのが英語文化の発想です。

こうした例を引き合いに出して、「英米人はへりくだらない」とか「英語には敬語がない」という指摘がなされることがあります。

じっさい、ネイティヴはいつも自分の意見や感情をストレートに表現しているのだと思い込んで、英語には敬語がないと考えている人が少なくありません。

224

でも、それは間違いです。英語にも相手を敬う丁寧表現や社交を円滑にする婉曲表現がありますし、お世辞もよく言います。

褒められたらどうするべきか

英米人は、愛する人をよく褒めます。わが子を褒めちぎるし、恋人を称えるし、妻（夫）を称揚します。

◎ A：Good job, Kate.
　　　（よくやったね、ケイト）
　 B：Thank you, Dad. I was so lucky.
　　　（ありがとう、パパ。ラッキーだったわ）

日本人の場合、誰かに褒められると、その言葉をもったいないと感じて、「いいえ、それほどでも」のつもりで、"No, no!" といきなり否定することがあります。

◎ A：Your English is very good.
　　　（英語がお上手ですね）
　 B：No, no. I can't speak English.
　　　（いえいえ、英語なんて話せませんよ）

などと応じることがあります。

しかし、英語文化では、相手の褒め言葉を否定するのは失礼な態度とみなされます。褒められたことに感謝して、喜びをあらわすのが英語のマナーです。

◎ A : You English is very good.
　　　（英語がお上手ですね）
　B : Thank you. Actually, I spent one year in Can-
　　　ada as an exchange student.
　　　（ありがとう。交換留学生としてカナダに1年い
　　　ましたから）

　また、ネイティヴは、相手が身につけているものを褒
める場合、I like ...（……は素敵だ）という表現をよく
使います。

◎ A : I like your jacket.
　　　（そのジャケット、素敵ね）
　B : Thanks. I bought this in London.
　　　（ありがとう。ロンドンで買ったんだ）

　こうした場合、「ありがとう」と軽く受けて、そのあ
とに何かひとことつけ加えるのが英語流のマナーです。
どうしてかと言うと、「ロンドンで買った」という情報
を受けて、「ロンドンといえばね……」というふうに会
話がつながっていくからです。

▶ 褒められたら、謙遜することなく、「ありがとう」と
　応じるのが英語のマナー。

66 いつも "Can I ...?" でいい?

丁寧さのレヴェルに合わせて表現を変える

"Can I ... ?" "May I ... ?" だけではない

　社交上、「許可を求める表現」は必須ですが、なかでも、Can I ...?（……してもいい？）は便利な表現で、旅行先ではたいていこれひとつで間に合います。

◎ Can I have a look at that one?
　（〔指をさして〕あれを見せてもらえる？）
◎ Can I pay by credit card?
　（クレジットカードで払ってもいいですか？）

　「許可を求める表現」というと、日本人は、なんでもかんでも "May I ...?" で済ませようとする傾向があります。

◎ May I help you?
　（〔店員が客に対して〕いらっしゃいませ）
◎ May I sit down?
　（〔生徒が先生に〕座ってもよろしいですか？）

　しかし、これは目上の人や見知らぬ人に対して使うフォーマルな表現なので、カジュアルな場面では耳にする

第6章　社交する英語　**227**

ことはありません。

丁寧に言うべきときは

　たとえば、あなたが、あるアメリカ人のお宅にお邪魔して、トイレを借りたくなったとしましょう。

◎ Can I use the bathroom?
　（トイレ借りていい？）

　仲のよい友だちなら、このように言ってもよいでしょう。でも、その友人がまだ知り合って間もなかったりしたら、

◎ Could I use the bathroom?
　（トイレをお借りできますか？）

　と丁寧に言うべきです。
　知り合ったばかりで、年齢も上、さらには社会的地位もあるような目上の方だったら、

◎ Could I possibly use the bathroom?
　（トイレをお借りしてもいいでしょうか？）

　と言ったほうがいいでしょう。
　あるいは、仮定法を使って、

◎ Would you mind if I used the bathroom?

（トイレをお借りできませんでしょうか？）

◎ Would it be all right if I used the bathroom?

（トイレをお借りしてもよろしいでしょうか？）

◎ I was wondering if I could use the bathroom.

（トイレを拝借できませんでしょうか？）

と、より丁寧にたずねることを勧めます。

《「許可を求める表現」の丁寧レヴェル》

★★★	I was wondering if I ...
★★★	Would it be all right if I ...?
★★★	Would you mind if I ...?
★★★	Could I possibly ...?
★★	Could I ...?
★	Can I ...?

　人は言葉づかいで相手を判断します。丁寧さの度合い
を知らなければ、円滑なコミュニケーションをはかるこ
とはできません。

　以上のことをぜひ覚えておいてください。

▶「許可を求める表現」には丁寧さのレヴェルがあり、
　それを知らないと、コミュニケーションに支障をきた
　すことがある。

第6章　社交する英語　229

67 丁寧さの度合いが違う「依頼表現」

相手との関係を考えて使い分ける

間違うと相手の気分を害するかも

　日本語の謙譲表現が相手への敬意を伝えるように、英語のへりくだった言いまわしが丁寧さをかもしだすことがあります。

　とりわけ、人にものを頼むときには、場面に応じた丁寧さが必要です。互いの立場を理解しない言葉づかいは、居丈高に響くことがあります。場合によっては、相手の気分を損ねてしまうこともあります。

　たとえば、メモをとろうとしましたが、あいにくペンがありません。まわりの誰かにペンを借りなくてはいけないとき、あなたは隣の人にどのように声をかけますか。

◎ Will you lend me a pen?

　これは「ペンを貸していただけますか？」という丁寧な表現ではありません。「ペン、貸してよ」です。

　"Will you ...?" は、相手が拒否しないということを前提にした命令に近い依頼表現です。兄弟姉妹や仲のよい友だちになら使えます。職場の同僚や知人に頼むときは、

◎ Can you lend me a pen?

　と言うのが一般的です。
　"Can you ...?" は、相手が断わる可能性を認めています。「ペンを貸してくれますか？」に近いニュアンスがあります。先輩や上司に頼むときは、

◎ Would you lend me a pen?

　がいいでしょう。
　初対面の人や目上の人に頼むときは、

◎ Could you lend me a pen?
◎ Would you mind if I borrowed a pen?
◎ I was wondering if I might borrow a pen?

　などとたずねます。
　これらの表現を使えば、丁寧さの度合いはぐっとあがります。日本語の「ペンをお借りできますでしょうか？」に対応する表現といってよいでしょう。

《「依頼表現」の丁寧レヴェル》

★★★	I was wondering if I might ...
★★★	Would you mind if I ...?
★★★	Could you ...?
★★	Would you ...?

第6章　社交する英語　231

★★	Can you ...?
★	Will you ...?

否定語は入れない

　日本人の場合、人にものを頼むとき、「……してくれませんか？」とか「……していただけませんか？」と質問文に否定語を入れることがありますが、それをそのまま英語に変換して、"Won't you ...?" とやっている人をよく見かけます。

　しかし、英語でこれをやると、いかにも不躾に聞こえます。"Won't you ...?" は、相手が当然してくれるであろうことを期待した高慢な言い方に聞こえるからです。日本語の発想がそのまま英語にあてはまらない、きわめて顕著な例です。

　"Can't you ...?" と "Couldn't you ...?" も同様です。当然やるべきだと話し手が思っていることを相手がまだやっていない状況に苛立ちをあらわして、「まだこんなこともできないのか」と見下しているように聞こえます。

　"Can't you ...?" が失礼に聞こえないのは、実現の可能性を考慮して「提案」するときのみです。

◎ Can't you stay a little longer?
　（もう少しここにいられないの？）

▶「依頼表現」は相手との関係を考えて使い分けよう。

68 「知ってる?」をどうあらわす?

"know"を日本語の感覚で使わない

著名人も「知り合い」になってしまう

　初対面の人とは、互いの趣味や興味のあることをたずね合います。そのようなときは、"like" という動詞を使って、相手の「好き嫌い」をたずねます。

◎ Do you like traveling?
　（旅行は好き？）
◎ What kind of food do you like?
　（どんな食べ物が好き？）
◎ What do you like to do in your free time?
　（暇なときはどんなことをするのが好き？）

　また、共通の話題を見つけようとして、「○○を知ってる?」と切りだすことがあります。が、ここで多くの日本人はミスをおかしてしまいます。
　たとえば、「僕はポール・マッカートニーのファンなんだけど、ポールのこと、知ってる？」を "I like Paul McCartney. Do you know him?" とやってしまうのです。これだと、「僕はポール・マッカートニーのファンなんだけど、ポールと知り合いですか？」という意味になってしまいます。ある人と知り合いかどうかをたずね

第6章　社交する英語　233

るときは、ふつう次のように切りだします。

◎ A：Do you know Kent?
　　　（ケントとは知り合いなの？）
　 B：Yes, I have known him for ten years.
　　　（ええ、10年来の知り合いよ）

　しかし、日本人の場合、ある著名人を知っているかどうかをたずねるときも "Do you know ...?" で始めてしまいます。

◎ A：Do you know Tokunaga Ieyasu?
　　　（徳川家康を知ってる？）
　 B：Of course not. He's been dead for 400 years.
　　　（いいや。だって彼は400年も前に死んでいるのだから）

　"Do you know ...?" は「……と知り合いですか？」とか「……に会って話したことがありますか？」なのです。ある著名人を知っているかどうかは、Have you (ever) heard of ...?（……のことを耳にしたことがありますか？）とたずねるのがふつうです。

◎ A：Have you heard of Paul McCartney?
　　　（ポール・マッカートニーって知ってる？）
　 B：Of course! He was a former member of the Beatles.

（もちろん！元ビートルズだったんだもの）

地名や名物について聞くときも

　以上のことは、地名にもあてはまります。

◎ A：Have you ever heard of Kanazawa?
　　　（金沢っていうところ、知ってる？）
　 B：Yes. But I've never been there.
　　　（名前だけは。でもまだ行ったことないんだ）

　その土地を訪れたことがなければ、"know a place"
という言い方はできないのです。

　では、「ラーメンって知ってる？」を英語にしてみま
しょう。

◎ Have you ever heard of ramen?
　（ラーメンって聞いたことがある？）
◎ Have you ever tried ramen?
　（ラーメンを食べたことがある？）

　名物やはやりの飲食物を「知っている」かどうかは、
このようにたずねるのが一般的です。

▶「○○を知ってる？」は "Have you（ever）heard of
　 ...?" を使ってみよう。

第6章　社交する英語　235

69「カタカナ語」はつうじるか

英語とはぜんぜん違う

カタカナ語は日本語

いまの日本社会は、カタカナ語を抜きにしては成り立ちません。ビジネスの世界においても「カルチャー」の分野においても「グローバル化」はすすみ、それにともなって日本語のなかに"英語ふうの言葉"を持ち込んでしゃべる人もずいぶん増えました。

「このへんにインスタ映えするレストランがないかなあ。ちょっとググってよ」

「うっかりフライングしちゃったからって、テンション落とすなよ。ドンマイ！」

「マイペースで仕事をするのもいいけど、同僚とのコミュニケーションも大切にしてね」

「イメージチェンジを図って、今年はなんとかブレイクしたい」

これらは、もはや違和感のない"ふつう"の日本語です。

しかし、いっぽうで、そうした「英語ふうだけど英語ではないカタカナ語」をそっくりそのまま英語の世界に持ち込んで、誤解や衝突を招いている日本人もまた数多く見うけられます。

カタカナ語は英語でのコミュニケーションをなめらか

にすることに貢献しているというよりも、新たな誤解を生むことに寄与しているのかもしれません。

　カタカナ語は日本語であって英語ではない——こういう認識をもって、わたしたちはカタカナ語に接しないといけません。

　使い方で悩んだら辞書を引けばいいのですが、辞書のたぐいは、"新顔"のカタカナ語を収載することには慎重というか臆病で、ずいぶんと時間が経過してからでないと載せてくれません。

英語の表現に言い換えよう

　現代カタカナ語を英語に変換するとどうなるのかを知りたければ、『日本人が勘違いしているカタカナ英語120』（キャサリン・A・クラフト／中公新書ラクレ）がお勧めです。「日本人はカタカナ語を英語だと信じきっている」とはよくネイティヴが指摘するところですが、著者のキャサリンさんはこんなエピソードを紹介しています。

　あるときキャサリンさんは、ある日本人男性の口から発せられた"I did flying."なる英語を耳にします。彼は「フライングしちゃった」と言いたかったようですが、何を言っているのか、キャサリンさんはさっぱりわからなかったようです。

　あなただったら、「フライングする」をどう表現しますか。

◎I jumped the gun because I thought you gave me

the go-ahead.
（オーケーが出たと思って、フライングしちゃった）

　「早とちりする」や「早まったことをする」と言い換えて、"jump the gun" と表現するのです。
　著者はまた、「コンテンツ」という言葉を聞くたびに「？」が頭に浮かぶそうです。そういえば、わたしたちは「動画コンテンツ」「デジタルコンテンツ」「教育コンテンツ」など、すべて "contents" と複数形にしてあらわしています。

◎ Netflix has a lot of content.
　（ネットフリックスにはたくさんのコンテンツがある）

　英語では、手にとってさわれるような容器や物体に含まれる「内容」は「数えられる名詞」の扱いをします（"contents" のように複数形になることもあるということです）が、手にとってさわれないような映像やコンピュータ世界の「内容・中身」の意味では「数えられない名詞」になるのです。
　もう一度、言います。「カタカナ語は日本語である」ということを忘れないでください。カタカナ語は、そのまま使わず、別の表現で言い換えたり、単語の知識があってはじめて「つうじる英語」になるのです。

▶「カタカナ語」は別の表現で言いあらわしてみよう。

70 贈りものが好きな日本人

贈答意識の違い

贈りものにうんざり？

　友人のトニーが、

◎Japanese people love to give presents.
　（日本人は贈りものをするのが好きですね）

　と、半ばうんざり顔で言います。

　聞けば、知り合った日本人から、これまでたくさんの贈りものをもらったというのです。いまも、つき合っている日本人女性から、それこそ会うたびにプレゼントをもらうそうです。

　「彼女は大学生で、とうぜんあまりお金もないはずなのに、会うたびに僕にプレゼントをくれるんだ。それも時計とかサングラスとか、けっこう高価なものをくれるのだけど、いったいどういうわけなんだろう」

　じつに困惑ぎみに首をかしげます。

　たしかに、老若男女、日本人は贈りものをするのが大好きです。

　この「日本人の贈りもの癖」に言及して、外国人には気軽にモノを進呈しないように、と注意を呼びかけた日本人女性がいます。

第6章　社交する英語　239

ジャーナリストの千葉敦子さん（故人）です。

「外国人とつき合う場合には、まず贈りものをしないことを鉄則としたらいいと思います」と言いきり、その理由として「先進国の人たちは、家族や非常に親しい友人以外の人から贈りものをもらう習慣がありません。欲しいものは自分のお金で買いたいので、他人から物をもらっても嬉しいとは思わないのです」と述べています。

欧米社会でプレゼントをするときといえば、誕生日やクリスマス、それに両親の結婚記念日など、ごく限られた場合のみです。そして、贈る理由は「その人が好きだから」です。

「好きになってほしいから」とか、「お世話になっているから」という理由で贈りものをする人はほとんどいません。

「善意はほどこしても、見返りは期待してはいけない」（Never expect anything in return.）というのが、欧米人の基本姿勢です。

つまり、贈りものをあげることによってより親しくなるというのではなくて、贈りものをあげられるほど親しい仲でしか贈りものをしないのです。

親しくなった場合には

では、贈りものをあげられるほど親しくなった場合は、どういったものがいちばん喜ばれるのでしょうか。

やはり、「大切なのは気持ち」（It's the thought that counts.）です。

具体的に言うと、いちばん喜ばれる贈りものは、時間

と労力を結晶化させた「手づくりのもの」です。金銭や
買ったものをプレゼントするのではなく、手づくりのお
菓子や料理などが喜ばれるのです。

◎ I'm having a few friends over for dinner on Satur-
　day, and I was wondering if you'd like to come.
　（友だち数人を呼んで、土曜日に夕食をいっしょに食
　べようと思っているんだけど、いらっしゃいません
　か）

　などと誘い、腕によりをかけた料理をだしてあげれ
ば、それが「最高の贈りもの」であると考えています。
自分で描いた絵やイラストなども、少々ヘタでもたいへ
ん喜ばれます。

▶ 贈りものは控えめに。

第6章　社交する英語　241

あとがき

「母語」と「外国語」の関係は不思議なものです。

外国語の習得に失敗した例は枚挙にいとまがありませんが、母語の習得に失敗したという話はついぞ聞いたことがありません。

また、アメリカの言語心理学者J・J・アッシャーは、英米人そっくりな発音になるためには、3歳までに英米の環境のなかにいることが必須で、それ以降は不可能だと述べています。

さらに、その分野の第一人者と言われるフランス国立科学研究所のジャック・メイラー博士は、「生後まもないフランス人の赤ちゃんは、中国語の4つのトーン(四声)を聞き分ける。だが、(中国語の)刺激を与え続けないと、生後8カ月から12カ月でその力は失われていく」と報告しています。

そして、10代の初めまでのある時期をさかいに、子どもの"魔法"は消えていくと一般に考えられています。とくにリスニングや発音の面では、年齢の壁は超えられないもののようです。

「文法や語彙は思春期以降も習得できるかもしれないが、音声には"発達の窓"が存在する」と述べるのは、インディアナ大学の認知心理学者デイヴィッド・ピソーニ教授です。「いったん窓が閉まったら、どんなに努力しても母語話者と同じレヴェルに達することはない」と

断言しています。

　そうであるなら、いまさら英語を学んでも手遅れではないかと絶望的な気分にさせられますが、それは本書でも指摘したとおり、早とちりというものです。

　大人には、子どもとはまったく違う学習プロセスとメカニズムがあって、それはわたしたちを明るい気分にさせてくれます。

　子どもが大量のインプットを無意識のうちに蓄積し、そのなかから言語のルール〔文法〕を見つけだしていくのに対し、大人はまずルールを認識したうえで、意識的に応用のしかたを身につけていきます。

　外国語のルールを分析的かつ体系的に学び、必要な語彙を取捨選択することによって、自分が伝えたいこと（内容）を効率的に伝えられるのが大人の利点です。

　「知識と経験」があるのも、大人ならではの強みでしょう。「知識」を交換し、「経験」を伝え合うことによって、より高い見識や深い知恵を得ることができます。

　筆者は、若いころから英語の歴史や日本人の英語受容史に関心を持ついっぽうで、時代小説（評論）、日本人と戦争、アメリカ音楽史、ビートルズなどの分野にも食指を動かしてきました。どれも道半ばですが、いまさらながらに思うことは、英語を「道具」とわりきって、そのつど必要な言いまわしを仕入れ、その分野の関連本を「多読」してきたことの恩恵の大きさです。

　鉋（リーディング・ライティング・スピーキング・リスニング）の使い方もままならないのに建築理論（英語

あとがき　243

学習法）をふりかざしている人を横目に、ひたすら「生の英語」にふれ、そのつど必要な語彙や慣用句を掻き集めているうち、おぼろげながら英語の輪郭をつかむことができたようです。

　欧米崇拝と結びついたネイティヴ英語を目指していたならば、たぶん屈辱のうちに、英語に挫折していたことでしょう。英語でインタヴューしたり、翻訳することができるようになったのも、英語を「道具」として用いてきたからだと確信しています。

　本書には「ラクして伸びる奇跡のメソッド」なるものはひとつもありませんが、ご紹介した学習法のいくつかは、きっと「自前の英語」をつくるうえで役立つでしょう。みなさんが英語をやりなおすにあたって、本書が少しでもお役に立てたなら、それにまさる喜びはありません。

　なお、本書を執筆するにあたって、畏友・津田正氏（研究社出版）に数々のご助言をいただいた。氏の冷静な頭と温かい心に衷心より感謝いたします。

　また、キャサリン・A・クラフト（日本語、フランス語）、クレア・ゴーラン（日本語）、ジェイムズ・M・ヴァーダマン（日本語）、青木雅弘（英語）、安武内ひろし（英語）、可愛隼斗（英語）、金島良徳（英語）、菊島翔（英語、韓国語）、杉下文子（英語、フランス語）の各氏には、外国語習得における体験と秘訣をお伺いした。記してお礼申しあげる。

　　　　　　　　　　　　　　2019年初秋　　　著者

参考文献

欧文文献

Ellis, Rod. *The Study of Second Language Acquisition*. Oxford: Oxford University Press. 2008

Gladwell, Malcolm. *Outliers: The Story of Success*. New York, NY: Little, Brown and Comapany. 2008〔邦訳：マルコム・グラッドウェル『天才！ 成功する人々の法則』勝間和代訳、講談社、2009年〕

Grabe, William. *Reading in a Second Language: Moving from Theory to Practice*. Cambridge: Cambridge University Press. 2009

Krashen, Stephen. *Principles and Practice in Second Language Acquisition*. Elsevier. 1982

Lenneberg, Eric H. *Biological Foundations of Language*. New York: John Wiley and Sons. 1967

Ostler, N. *The Last Lingua Franca*. Penguin. 2010

Phillipson, R. *Linguistic Imperialism*. Oxford University Press. 1992

Seidlhofer, B. *Understanding English as a Lingua Franca*. Oxford University Press. 2011

Wilkins, D.A. *Linguistics in Language Teaching*. London, UK: Arnold. 1972

邦文文献

江利川春雄『日本人は英語をどう学んできたか』研究社、2008年

大石俊一『「英語」イデオロギーを問う』開文社出版、1990年

大石俊一『英語帝国主義に抗する理念』明石書店、2005年

大津由紀雄『英語学習7つの誤解』NHK出版生活人新書、2007年

大津由紀雄編著『学習英文法を見直したい』研究社、2012年

カトー、ロンブ『わたしの外国語学習法』米原万理訳、ちくま学芸文庫、2000年

川島隆太『「音読」すれば頭がよくなる』たちばな出版、2003年

國弘正雄『〔新版〕英語の話しかた』サイマル出版会、1984年

久保田竜子『英語教育幻想』ちくま新書、2018年

クラフト、キャサリン・A『日本人が勘違いしているカタカナ英語120』中公新書ラクレ、2019年

クリスタル、デイヴィッド『消滅する言語』斎藤兆史・三谷裕美訳、中公新書、2004年

齋藤秀三郎『実用英文典』中村捷訳述、開拓社、2015年（『Practical English Grammar』〔1898-1899〕の完訳本）

斎藤兆史『日本人に一番合った英語学習法』祥伝社黄金文庫、2006年

斎藤兆史『日本人と英語』研究社、2007年

サリバン、グレン『「日本人英語」のすすめ』講談社現代新書、1993年

澤井繁男『誰がこの国の英語をダメにしたか』NHK出版生活人新書、2001年

白井恭弘『外国語学習の科学』岩波新書、2008年

末延岑生『ニホン英語は世界で通じる』平凡社新書、2010年

鈴木孝夫『日本語と外国語』岩波新書、1990年

鈴木孝夫『日本人はなぜ英語ができないか』岩波新書、1999年

勢古浩爾『目にあまる英語バカ』三五館、2007年

竹内理『より良い外国語学習法を求めて』松柏社、2003年

田中克彦『ことばと国家』岩波新書、1981年

田中克彦『国家語をこえて』筑摩書房、1989年

津田幸男『英語支配の構造』第三書館、1990年

津田幸男編著『英語支配への異論』第三書館、1993年

津田幸男編著『言語・情報・文化の英語支配』明石書店、2005年

寺沢拓敬『「日本人と英語」の社会学』研究社、2015年

富岡多恵子『「英会話」私情』集英社文庫、1983年

鳥飼玖美子『TOEFL・TOEICと日本人の英語力』講談社現代新書、2002年

鳥飼玖美子『英語教育の危機』ちくま新書、2018年

永井忠孝『英語の害毒』新潮新書、2015年

中島義道『英語コンプレックス　脱出』ＮＴＴ出版、2004年

中田達也『英単語学習の科学』研究社、2019年

成毛眞『日本人の9割に英語はいらない』祥伝社黄金文庫、2013年

バーダマン、ジェームス・Ｍ『日本人の英語勉強法』中経出版、2013年

廣森友人『英語学習のメカニズム』大修館書店、2015年

水村美苗『〔増補〕日本語が亡びるとき』ちくま文庫、2015年

宮田学編『ここまで通じる日本人英語』大修館書店、2002年

薬師院仁志『英語を学べばバカになる』光文社新書、2005年

山崎貞『新自修英文典』復刻版、毛利可信増訂、研究社、2008年（改訂第一版は1951年に発行）

山田雄一郎『英語教育はなぜ間違うのか』ちくま新書、2005年

ラミス、ダグラス『イデオロギーとしての英会話』晶文社、1976年

渡辺武達『ジャパリッシュのすすめ』朝日選書、1983年

渡部昇一、松本道弘『英語の学び方』ベストセラーズ、1998年

ちくま新書
1446

日本人のための英語学習法
シンプルで効果的な70のコツ

2019年11月10日　第1刷発行

著者
里中哲彦
(さとなか・てつひこ)

発行者
喜入冬子

発行所
株式会社筑摩書房
東京都台東区蔵前 2-5-3　郵便番号 111-8755
電話番号 03-5687-2601(代表)

装幀者
間村俊一

印刷・製本
三松堂印刷 株式会社

本書をコピー、スキャニング等の方法により無許諾で複製することは、法令に規定された場合を除いて禁止されています。請負業者等の第三者によるデジタル化は一切認められていませんので、ご注意ください。
乱丁・落丁本の場合は、送料小社負担でお取り替えいたします。
© SATONAKA Tetsuhiko 2019　Printed in Japan
ISBN 978-4-480-07269-6 C0282

ちくま新書

1234	1356	1375	1123	1030	1007	996
デヴィッド・ボウイ ──変幻するカルト・スター	闇の日本美術	上方らくごの舞台裏	米朝らくごの舞台裏	枝雀らくごの舞台裏	歌舞伎のぐるりノート	芸人の肖像
野中モモ	山本聡美	小佐田定雄	小佐田定雄	小佐田定雄	中野翠	小沢昭一

小沢昭一が訪ねあるき、撮影した、昭和の芸人たちの姿。実演者である著者が、芸をもって生きるしかない「クロウト」たちに寄り添い、見つめる視線。写真164枚。

素敵にグロテスク。しつこく、あくどく、面白い。歌舞伎は〝劇的なるもの〟が凝縮された世界。その「劇的なるもの」を求めて歌舞伎とその周辺をめぐるコラム集。

爆発的な面白さで人気を博した桂枝雀の、演題別決定版ガイド。演出の変遷、ネタにまつわるエピソード、芸談、秘話を、音源映像ガイドとともに書き記す。

上方落語の人間国宝・桂米朝の、座付作者による決定版ガイド。歴史を彩る芸人たちの秘話を、書籍音源映像ガイドとともに書き記す。

今は亡き上方落語四天王(六代目松鶴、米朝、三代目春團治、五代目文枝)を中心に、懐かしい師匠達の舞台裏噺からお囃子さんまで、四十年の思い出を語り尽くす。

こ、怖い……。目を背けたくなる死、鬼、地獄、怪異、病などの世界の暗部が描かれた古代・中世日本絵画。豊富なカラー図版とともに、日本人の生老病死観をあぶり出す。

ジギー・スターダストの煌びやかな衝撃、『レッツ・ダンス』の世界制覇、死の直前に発表された『★』……常に変化し、世界を魅了したボウイの創造の旅をたどる。

ちくま新書

599 高校生のための古文キーワード100
鈴木日出男

暗記はやめる! 源氏物語注釈・枕草子注釈、古語辞典編著を経て、国文学界の第一人者が書き下ろす、読んで身につく古文単語。コラム《読解の知恵》も必読。

661 「奥の細道」をよむ
長谷川櫂

流転してやまない人の世の苦しみ。それをどう受け容れるのか。芭蕉は旅にその答えを見出した。芭蕉が得た大いなる境涯とは──。全行程を追体験しながら読み解く。

876 古事記を読みなおす
三浦佑之

日本書紀には存在しない出雲神話がなぜ古事記では語られるのか? 序文のいう編纂の経緯は真実か? この歴史書の謎を解きあかし、神話や伝承の古層を掘りおこす。

1187 鴨長明
──自由のこころ
鈴木貞美

『方丈記』で知られる鴨長明には謎が多い。彼の生涯を仏教や和歌の側面から解釈しなおし、真の自由ともいえる、その世界観が形成された過程を追っていく。

1192 神話で読みとく古代日本
──古事記・日本書紀・風土記
松本直樹

古事記、日本書紀、風土記という〈神話〉を丁寧に読みとくと、古代日本の国家の実像が見えてくる。「日本」誕生を解明する、知的興奮に満ちた一冊。

1254 万葉集から古代を読みとく
上野誠

民俗学や考古学の視点も駆使しながら万葉集全体を解剖し、今につながる古代人の文化史、社会史をさぐる型破りの入門書。「表現して、残す」ことの原初性に迫る。

1073 精選 漢詩集
──生きる喜びの歌
下定雅弘

陶淵明、杜甫、李白、白居易、蘇軾。この五人を中心に、深い感銘を与える詩篇を厳選して紹介。漢詩に結実する東洋の知性と美を総覧する決定的なアンソロジー!

ちくま新書

| 1249 | 日本語全史 | 沖森卓也 | 古代から現代まで、日本語の移り変わりをたどり全史を解き明かすはじめての新書。時代ごとの文字・音韻・語彙・文法の変遷から、日本語の起源の姿が見えてくる。 |

999 日本の文字
——「無声の思考」の封印を解く
石川九楊
日本語は三種類の文字をもつ。この、世界にまれな性格はどこに由来し、日本人の思考と感性に何をもたらしたのか。鬼才の書家が大胆に構想する文明論的思索。

1062 日本語の近代
——はずされた漢語
今野真二
漢語と和語が深く結びついた日本語のシステムから、日清戦争を境に漢字・漢語がはずされていく。明治期の小学教材を通して日本語への人為的コントロールを追う。

1221 日本文法体系
藤井貞和
日本語を真に理解するには、現在の学校文法を書き換えなければならない。豊富な古文の実例をとりあげつつ、日本語の隠れた構造へと迫る、全く新しい理論の登場。

1246 時間の言語学
——メタファーから読みとく
瀬戸賢一
私たちが「時間」をどのように認識するかを、〈時は金なり〉〈時は流れる〉等のメタファー（隠喩）を分析して明らかにする。かつてない、ことばからみた時間論。

1396 言語学講義
——その起源と未来
加藤重広
時代とともに進化し続ける言語学。国家戦略、AI、滅びる言語、……現代に即した切り口も交え、ことばの研究の起源から最先端まで、全体像と各論点を学びなおす。

1363 愛読の方法
前田英樹
本をたくさん読んでもかえってバカになる人間が後を絶たない——。書かれたものへの軽信を免れ、いかに生きるべきかという問いへとつながる「愛読」の秘訣を説く。

ちくま新書

番号	タイトル	著者	紹介
253	教養としての大学受験国語	石原千秋	日本語なのにお手上げの評論読解問題。その論述の方法を、実例に即し徹底解剖。アテモノを脱却し上級の教養をめざす、受験生と社会人のための思考の遠近法指南。
371	大学受験のための小説講義	石原千秋	「大学入試センター試験」に必ず出る小説問題。これを解くには学校では教えてくれない技術が必要だ! 国公立二次試験にもバッチリ使える教養としての小説入門。
1105	やりなおし高校国語 ——教科書で論理力・読解力を鍛える	出口汪	教科書の名作は、大人こそ読むべきだ! 夏目漱石、森鷗外、丸山眞男、小林秀雄などの名文をカリスマ現代文講師が読み解き、社会人必須のスキルを授ける。
1380	使える!「国語」の考え方	橋本陽介	読む書く力は必要だけど、授業で身につくの? 小説と評論、どっちも学ばなきゃいけないの? 国語にまつわる疑問を解きあかし、そのイメージを一新させる。
1390	これなら書ける! 大人の文章講座	上阪徹	「人に読んでもらえる」文章を書くには、どうしたらいいか? 30年プロとして書いてきた著者が、33の秘訣を大公開! 自分の経験を「素材」に話すように書こう。
1392	たった一言で印象が変わる 大人の日本語100	吉田裕子	「大人ならそういう言い方はしない」と思われないように。仕事の場はもちろん、日常生活でも「教養ある大人」としての基本的な語彙力が、これ一冊で身につく。
1012	その一言が余計です。 ——日本語の「正しさ」を問う	山田敏弘	「見た目はいいけど」「まあ、がんばって」何気なく使った言葉で相手を傷つけた経験はありませんか。よりよいコミュニケーションのために、日本語の特徴に迫る一冊。

ちくま新書

110 「考える」ための小論文

西研　森下育彦

論文を書くことは自分の考えを吟味するところから始まび。大学入試小論文を通して、応用のきく文章作法を学考える技術を身につけるための哲学的な実用書。

486 図書館に訊け!

井上真琴

図書館は研究、調査、執筆に携わる人々の「駆け込み寺」である! 調べ方の超基本から「奥の手」まで、カリスマ図書館員があなただけに教えます。

1051 つながる図書館
——コミュニティの核をめざす試み

猪谷千香

公共図書館の様々な取組み。ビジネス支援から町民の手作り図書館、建物の外へ概念を広げる試み……数々の現場を取材すると同時に、今後のありかたを探る。

542 高校生のための評論文キーワード100

中山元

言説とは? イデオロギーとは? テクストとは? 辞書を引いてもわからない語を、思想的背景や頻出する文脈から解説。評論文を読む〈視点〉が養えるキーワード集。

600 大学生の論文執筆法

石原千秋

大学での授業の受け方から、大学院レベルでの研究報告や社会に出てからの書き方まで含め、執筆法の秘伝を公開する。近年の学問的潮流も視野に入れた新しい入門書。

889 大学生からの文章表現
——無難で退屈な日本語から卒業する

黒田龍之助

読ませる文章を書きたい。だけど、学校では子供じみた作文と決まりきった小論文の書き方しか教えてくれなかった。そんな不満に応えるための新感覚の文章読本!

1352 情報生産者になる

上野千鶴子

問いの立て方、データ収集、分析、アウトプットまで、新たな知を生産し発信するための方法を全部詰め込んだ一冊。学生はもちろん、すべての学びたい人たちへ。

ちくま新書

番号	タイトル	著者	内容
1344	ビジネスマンの英語勉強法	三輪裕範	総合商社のアメリカ現地法人や大学で活躍してきた著者が、ビジネスに必要な英語力が身につく効果的な勉強法や、「英語のクセ」を丁寧に解説する。
604	高校生のための論理思考トレーニング	横山雅彦	日本人は議論下手。なぜなら「論理」とは「英語」の思考様式だから。日米の言語比較から、その背後の「心の習慣」を見直し、英語のロジックを日本語に応用する。2色刷。
1200	「超」入門！論理トレーニング	横山雅彦	「伝えたいことを相手にうまく伝えられない」のはなぜか？日本語をロジカルに運用し、論理思考をコミュニケーションとして使いこなすためのコツを伝える。
908	東大入試に学ぶロジカルライティング	吉岡友治	腑に落ちる文章こそ、どれも論理的だ！東大入試を題材に、論理的に書くための「型」と「技」を覚えよう。学生だけでなく、社会人にも使えるワンランク上の文章術。
1088	反論が苦手な人の議論トレーニング	吉岡友治	「空気を読む」というマイナスに語られがちな行為は、実は議論の流れを知るための技でもあった！ツッコミから反論、仲裁まで、話すための極意を伝える。
1404	論理的思考のコアスキル	波頭亮	ホンモノの論理的思考力を確実に習得するための決定版！必須のスキル「適切な言語化」「分ける・繋げる」「定量的判断」と具体的トレーニング方法を指南する。
1417	対話をデザインする ——伝わるとはどういうことか	細川英雄	対話の基本は「あなた自身にしか話せないこと」を見つけることです。そこから始めて話題設定、他者との関わり、納得と合意の形成まで、対話の根本を考えます。

ちくま新書

1376 はじめての アメリカ音楽史
ジェームス・M・バーダマン
里中哲彦

ブルーズ、ジャズ、ソウル、ロックンロール、ヒップホップ……ルーツから現在のアーティストまで、その歴史を徹底的に語りつくす。各ジャンルのアルバム紹介付。

1350 英語教育幻想
久保田竜子

英語は全世界の人々を繋ぐ? ネイティブ教師について幼少期から学習するのが良い? 日本人の英語信仰、その真偽をあぶりだす。

1298 英語教育の危機
鳥飼玖美子

大学入試、小学校英語、グローバル人材育成戦略……2020年施行の新学習指導要領をはじめ、日本の英語教育は深刻な危機にある。第一人者による渾身の一冊!

1248 めざせ達人! 英語道場 ——教養ある言葉を身につける
斎藤兆史

読解、リスニング、会話、作文……英語学習の本質をコンパクトに解説し、「英語の教養」を理解し、発信できるレベルを目指す。コツを習得し、めざせ英語の達人!

1405 英語の処方箋 ——「日本人英語」を変える100のコツ
ジェームス・M・バーダマン
安藤文人訳

「よろしく」って英語で何て言う? 日本人英語の間違いや会話・文法の要点などを楽しく解説!

1313 英語の常識181
キャサリン・A・クラフト
里中哲彦編訳

日本語を直訳して変な表現をしていたり、あまり使われない単語を多用していたり、日本人の英語はまだまだ勘違いばかり。10万部超ベストセラー待望の続編!

1248 日本人の9割が知らない 英語の常識181
キャサリン・A・クラフト
里中哲彦編訳

1230 日本人の9割が間違える 英語表現100
キャサリン・A・クラフト
里中哲彦編訳

教科書に載っていても実は通じない表現や和製英語など、日本人の英語は勘違いばかり! 長年日本人の英語に接してきた著者が、その正しい言い方を教えます。